잘나가는 회사는 이유가 있다

잘나가는 회사는 이유가 있다

초판 1쇄 발행 2025년 6월 9일

지은이 정용중
펴낸이 장현수
펴낸곳 메이킹북스
출판등록 제 2019-000010호.

디자인 윤복화, 최선화
편집 최미영
교정 안지은
마케팅 김소형

주소 서울특별시 구로구 경인로 661. 핀포인트타워 912-914호
전화 02-2135-5086
팩스 02-2135-5087
이메일 making_books@naver.com
홈페이지 www.makingbooks.co.kr

ISBN 979-11-6791-702-7(03320)
값 16,800원

ⓒ 정용중 2025 Printed in Korea

잘못된 책은 구입하신 곳에서 바꾸어 드립니다.
이 책의 전부 또는 일부 내용을 재사용하려면 사전에 저작권자와 펴낸곳의 동의를 받아야 합니다.

홈페이지 바로가기

메이킹북스는 저자님의 소중한 투고 원고를 기다립니다.
출간에 대한 관심이 있으신 본은 making_books@naver.com로 보내 주세요.

잘나가는 회사는 이유가 있다

Good company

정용중 지음

메이킹북스

차례보기

- 머리말 ·· 6
- 공장장 취임 인사 ·· 9
- 공장장 이임 인사 ·· 12

◎ **경영은 성과를 낼 수 있도록 바꾸는 일이다**
- 경영 성과와 재무제표 알아보기 ································ 19
- 경영 성과를 내기 위해 경영 계획과 목표를 수립한다 ········ 22
- 마케팅(Marketing)은 기업 가치 생성의 최전선이다 ········ 25
- R&D(연구개발)는 지속가능한 기업 가치를 만들어 낸다 ········ 31
- ICT 활용과 DT/CE/Smart factory 이해하기 ················ 34
- 위기관리를 왜 해야 하는가? ······································ 42

◎ **경영시스템에 대해 알아보기**
- ISO MSS(경영시스템 표준) 알아보기 ······················ 51
- 품질경영시스템(QMS), ISO9001 알아보기 ·············· 56
- 하자 제품이 고객에게 전달되지 않도록 하는 것이 품질 관리다 ···· 61
- 환경경영시스템(EMS), ISO14001 알아보기 ············· 63
- 안전보건경영시스템(OH & SMS), ISO45001 알아보기 ··· 68

◎ **안전사업장을 확보하는 것은 회사 존립의 바탕이다**
- 위험성평가를 왜 해야 하는가? ·································· 83
- 안전한 행동 습관을 가져야 사고를 줄일 수 있다 ········ 86
- 안전보호구는 필요가 아니라 필수이다 ······················ 91
- 직원이 건강해야 회사에 활기가 돈다 ························ 93

◎ **혁신활동은 선택이 아니라 필수이다**
- 혁신활동은 문제 해결 과정이다 ······························ 101
- 3정5S에 대해 알아보기 ·· 104
- 일하는 방식을 바꿔야 살아남는다 ···························· 107
- 개선은 나를 힘들게 하는 것을 바꾸는 것이다 ········ 110

◎ 공급망 관리, SCM 이해하기
- 낭비는 불일치, 불균형, 불합리에서 발생한다 ·············· 121
- 재고는 모든 문제를 가린다! ································· 127
- 구매계약의 투명성을 확보하는 것은 매우 중요하다 ········ 130

◎ 진정한 리더란 무엇인가?
- 윤리경영을 통해 밝고 건강한 회사를 만들어 간다 ·········· 136
- 공유와 소통은 인간생활의 밑바탕이다 ······················ 139
- 업의 본질과 R&R 알아보기 ·································· 141
- 글쓰기는 상대방을 설득하는 과정이다! ······················ 143

◎ 기업에서 인적자원관리(HR)는 어떻게 이뤄지고 있을까?
- 근무 시간과 휴게 시간, 초과 근무에 대한 의견 ············· 150
- OECD 국가 중 근로 시간 1위! 노동 생산성도 1위일까요? 153
- 보고는 슬기로운 생활의 기본이다 ···························· 155
- Etiquette/Protocol/Manner ································· 158

◎ 권리 위에 잠자는 자는 보호해 주지 않는다
- 변하지 않는 가치에 인생의 목표를 정해라! ················· 167

붙임자료(각종 규정 및 표준)
- 물품공급계약서 ··· 170
- 직제규정 ·· 176
- 권한 위임 규정 ·· 183
- 채권 관리 규정 ·· 187
- 재고 자산 관리 규정 ··· 191

출판 감사 인사 ·· 194

머리말

　좋은 회사란 무엇일까요? 이익이 많이 나는 회사, 급여가 높은 회사, 오래 다닐 수 있는 회사? 이 질문에 답하기란 쉽지 않습니다. 많은 사람들은 회사를 즐겁게 다니고 싶어 합니다. 회사를 계속 다니고 싶어 하는 데는 비전 제시, 성장에 도움 주기, 좋은 사람들과 함께 일하기, 칭찬과 높은 기대, 가치 있는 업무를 하는 것이 급여와 근로 조건보다 더 중요한 동기부여 요인으로 작용한다고 합니다. 그러나, 최후의 동기부여 요인, 그리고 가장 효과가 높은 것 중 하나는 바로 리더가 몸으로 실천하는 솔선수범이라고 합니다.

　회사 생활을 35년 이상 하면서 연구 개발, 기획, 영업 관리, 공장 운영까지 다양한 업무를 수행하였습니다. 특히, 20여 년간 연구기획, 정보기획, 경영기획, 영업기획, 혁신활동, 사업기획 등 전략 활동을 하면서 경영의 깊숙한 부분까지 알게 되었습니다. 또, 법무 관리와 영업 관리를 하는 동안 외부의 이해관계자들과 여러 접촉이 있었고 그들 중 상당수 기업들이 사라지는 것을 보았습니다. 생산에 직접 참여하는 것 빼고는 거의 모든 부문을 거쳤습니다. 이처럼 경영 성과를 잘 내도록 조력하는 역할을 수없이 해 본 바, 이제 기업을 어떻게 운영하는 것이 좋은지 나름의 의견을 말할 수 있게 되었습니다.

　사회가 발달할수록 혼자 할 수 있는 것보다 협업을 통해 가능한 일이 늘어나고 있습니다. 회사는 직원 및 내·외부 이해관계자들 속에서 수익을 창출하고 사회적 기여를 하는 공간이며 경영자는 협업이 원활하게 이뤄지도록 시스템을 만들고 거기에 필요한 사람을 배치하여 잘 돌아가게끔 하는 지휘자의 역할을 합니다. 리더는 '내가 잘해서 성과를 내는 사람이 아니라, 다른 사람을 움직여 그들로 하여금 탁월한 성과를 창출하게 하는 사람'입니다. 따라서, 기업은 협업이 가능하도록 훌륭한 리더를 육성하거나 경영진 스스로가 시스템을 만들도록 노력해야 합니다.

4차 산업혁명 시대가 도래하고 변화는 빠르게 진행되고 있습니다. 위험이나 리스크가 없으면 회사는 그런대로 굴러가지만 약한 조직은 한 번의 리스크에 무너지기도 하고 때로는 위험을 알지 못한 채 서서히 무너져 가기도 합니다. 문제를 인식하고 위험을 느끼고 그것을 돌파하는 힘이 유지될 때 기업은 지속 가능하다고 봅니다. ICT를 기반으로 한 공유와 변화 혁신 활동이 계속될 때 기업의 영속성은 유지된다고 봅니다.

회사 생활을 오랫동안 하면서 자주 느끼는 바지만 대부분의 사람은 조직이나 기업의 가치에 따르기보다 자신의 이익을 우선시한다는 것을 알게 되었습니다. 어쩌면 인간의 원래 속성인지 모르겠습니다. 권력 지향적인 사람일수록 과실을 자기에게 주는 사람을 중요하게 여긴다는 것을 알았습니다. 이런 사람일수록 덧셈의 평가와 방향을 정하는 것이 아니라 단점을 찾고 부정적인 방향을 찾는 뺄셈의 논의를 주로 한다는 것입니다. 그것이 보통 사람, 보통 기업의 논의 방식이라고 생각합니다.

무엇을 논의하든 그 사람이 무엇을 잘하는지에 대해 얘기하고 추구해 나갈 가치를 얘기하는 것이 필요합니다. 사람과의 관계에서 문제를 얘기하는 것보다 가능성에 대해 말하는 것이 필요합니다. 왜냐면, 미래가 어떻게 될지는 모르지만 그 미래를 결정하는 사람이 누구인지 알기 때문입니다! 많은 사람들이 원하는 쪽으로, 자기 장점을 살리는 쪽으로 사람은 스스로 변화하기 때문입니다! 굳이 단점을 얘기하지 않아도 자신은 스스로 느끼고 있답니다.

대부분의 사람들은 일을 어떻게 생각할까요? 상사가 시키는 대로 하고 기존에 하던 대로 의심 없이 하는 것을 일이라고 합니다. 그런 수동적인 태도로는 부가가치를 높이기 어렵습니다. 행동과 태도도 중요하지만 사고의 전환이 필요합니다. 스스로 좋은 방법을 생각하고 좋은 결과를 얻으려고 노력하면서 보람을 느끼는 것이 중요합니다. 문제가 발견되고 해결하려는 직원이 많을수록 기업은 저절로 발전하게 됩니다.

또, 공동의 목표를 정하고 함께하려고 하는 문화가 중요합니다. 노력하는 직원, 성과를 내는 직원에게 더 많은 과실이 열린다는 것을 체험하는 것도 중요합니다. 문제를 해결하려는 자세, 상대를 이해하고 설득하려는 대화, 변화와 혁신에 대한 열망, 더 높은 목표를 성취하려는 학습 열의가 있는 조직이라면 미래가 한층 밝아질 것입니다.

본 자료는 기업을 운영하는 데 필요한 각종 경영 방법론과 방향, 합리적 경영 시스템을 설명하면서 각종 경험과 실제 사례를 얘기할 것입니다. 일반 기업에서 꼭 또는 참고해야 할 사항을 중심으로 경영의 다양한 관점에 대해 경험적인 내용을 토대로 서술할 것입니다. 경영진뿐만 아니라 변화혁신 또는 경영 시스템을 구축하고자 하는 실무자들에게도 이 자료는 도움이 될 것이라 보입니다.

전문경영인 수업을 체계적으로 학습하지 못한 회사들이 본 자료를 통해 아이디어를 얻고 더 좋은 회사를 만들기 바랍니다. 직원과 가치를 공유하여 지속 가능한 사업이 되기를 기원합니다. 회사 내 문제가 무엇이고 위험 또는 리스크가 있는지 생각하고, 끊임없는 변화 혁신 활동을 진행하기를 권유합니다. 아울러, 이익 실현(경제성과) 외에도 시대적 요구 사항인 사회 책임, 환경 보전에 대한 역할을 하고 있는지 스스로 자문하고 발전시켜 가야 할 것으로 보입니다.

이 글을 읽는 여러분의 앞날에 많은 도움이 되기를 기원합니다.

감사합니다!

공장장 취임 인사

반갑습니다!

4년 만에 공장장으로 오게 되어 더없이 기쁘군요. 여러분과 함께 더 나은 미래를 만들어 가도록 하겠습니다.

과거에 비해 많이 변화하였지만 아직 가야 할 길이 먼 것 같습니다. 제가 생각하는 바를 간략하게나마 공유드리면서 희망찬 한 해를 맞이하고자 합니다.

첫째, 안전입니다.
배가 가장 안전한 곳은 항구이지만 배의 목표는 항해입니다. 안전은 리스크 크기를 낮추는 것이지 절대 안전을 추구하기는 어렵습니다. 수용 가능한 위험 범위에서 사고를 예방하는 것이 중요하므로 위험성 평가를 통해 위험을 줄이고 현장 정리정돈이 잘되어야 안전한 사업장을 만들 수 있습니다.

둘째, 품질 안정성입니다.
좋은 품질의 제품을 만드는 것보다 더 중요한 것이 재현성이 우수한 품질관리입니다. 원재료의 품질 기준을 갖추고 수입 검사를 실시하고, CTQ1 확립을 통해 믿을 수 있는 제품을 공급해야 합니다. 불량 요소가 재발하지 않도록 통제시스템을 잘 갖추고 반복 발생하는 클레임에 대해 근본 대책을 찾아야 합니다.

셋째, 원가 절감입니다.
낭비요소별 관리를 통해 경쟁력 있고 지속 가능한 사업장을 만들어야 합니다. 낭비 7대 요소인 과잉 생산, 대기, 운반, 가공, 재고, 동작, 불량에 대한 낭비 요인을 분석하고 동종업계에 비해 tolling cost 또는 공헌

---

1 CTQ(Criteria/Customer to Quality), 고객 중심 품질 기준

이익(UCM[2])이 우수해야 합니다. 특히 과잉 재고는 문제를 감추는 요소로써 JIT(Just-in-time) 개념에 맞춰 최소화되도록 유지하는 것이 중요합니다. 또한 에너지 절감 노력도 요구됩니다.

넷째, 경쟁력 있는 생산성입니다.
MTS/MTO[3] 기준의 안정 재고가 유지되도록 계획 생산이 되도록 해야 합니다. Grade 교체 시에도 전환이 빠르고 단위 생산성이 높게 유지될 수 있어야 하고 변경 관리를 효과적으로 추구해야 합니다. 설비 효율을 높이기 위해 CBM/TBM[4]을 실천하고 비상 정지나 비가동 요소가 줄어 들어야 합니다.

마지막으로 미래 먹거리 사업 확장입니다.
시대 변화에 따라 기호도 변하고 제품도 변합니다. 지속적으로 트렌드에 맞춰 제품을 개선하고 신제품을 출시하여야 합니다. 그러기 위해서는 R&D[5] 역량을 향상하고 학습조직으로 바꾸어야 합니다. 혁신 마인드가 없이는 뒤처질 수 있습니다.

리더는 다른 사람을 움직여 그들로 하여금 성과를 창출하는 사람으로서 조직의 목적에 맞게 방향을 집중시키고 끌어가는 것이 중요합니다. 측정 가능한 것은 반드시 이루어지므로 업무 활동이 유형 효과로 나타나도록 하는 것이 중요합니다. 직원 각자는 일을 하면서 당연하다고 생각하는 것도 하지 않을 경우 어떤 변화가 생기는지를 고민할 필요가 있습니다. 직원 상호간에는 존중하고 배려하는 대화가 필요합니다.

---

2 UCM(Unit of Contribution Margin), 공헌 이익
3 MTS(Make to Stock), 계획 생산/재고 비축 생산
　MTO(Make to Order), 주문 가공 생산
　BTO(Built to Order), 주문 후 조립 생산
4 CBM(Condition based Maintenance), 상태 기반 유지보수
　TBM(Time based Maintenance), 시간 기반 유지보수
5 R&D(Research & Development), 연구 개발

회사에 출근하고 싶은 마음이 생기고 퇴근할 때 내일을 기다리는 사업장이 되었으면 합니다. 누군가에게 도움이 되고 다시 만나고 싶은 사람이 되었으면 합니다. 함께 고민하면서 풀어가는 일에 동참해 주시기를 바랍니다. 이 모든 것들을 하는 데는 여러분의 도움이 필요합니다.

올 한 해도 여러분이 뜻하는 바대로 되고 개인과 가정에 행복이 넘치기를 바랍니다!

감사합니다!

공장장 이임 인사

89년부터 시작된 직장 생활이 우여곡절 끝에 35년을 넘겨 25년에 끝나게 되었습니다. 공장장으로 직장 생활을 마무리한 순간들이 새롭습니다. 제가 부임할 때 23년도 연간 13억, 월 1~2억의 영업 이익 수준이었던 회사에서 24년도 60억의 영업 이익 목표는 쉽지 않은 과제였습니다. 하지만 중요 리더로서 공장장 하나 바뀜으로써 성과는 몰라보게 향상되었고 연간 목표를 달성할 수 있게 되었습니다.

공장장 취임 후 영업 이익 변화

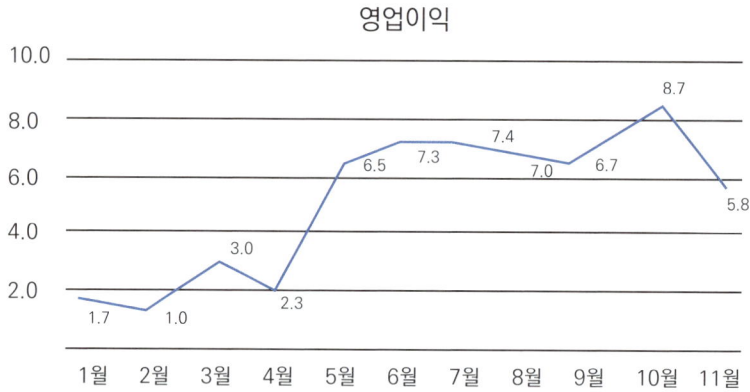

장수 한 명 바뀌면서 이순신이 이끄는 조선 해군은 승전보를 가져왔지만 원균이 이끄는 조선 해군은 단 한 번에 전멸에 가까운 참패를 겪었습니다. 리더의 중요성이 얼마나 중요한지를 깨닫게 합니다. 물론 성과 달성에는 리더도 중요하지만 구성원들의 노력도 무시할 수 없습니다. 경영 시스템이 정돈되면서 프로세스에 기반하여 일이 진행되고 공유와 소통을 강화하여 시너지를 향상시키고 낭비 요소를 제거하면서 문제 해결이 빨라진 각 부문의 노력이 더해진 산물입니다. 분위기가 살아나고 시황이 개선되는 등 우리 모두의 노력에 대한 산물인 것은 부인할 수 없습니다.

제가 그동안 추진했던 일은 크게 네 가지라고 할 수 있습니다. 기준이 없으면 만들고 잘못되었으면 고쳐서 제대로 일할 수 있는 근거를 만드는 일이 중요했습니다. S&OP(영업 생산 계획) 체계 수립, MTS(재고 비축 생산) 구축, 공장 내 구획선 지정과 정리정돈, 설비 검·교정, 재고 관리 기준, 코로나 세기 관리, 코로나 부스 관리 등도 그 일환으로 이뤄졌습니다.

또한, R&R을 정의하고 Process대로 일할 수 있게 변화를 추구하였습니다. R&D process, 품질관리 process, 법정 선임자 관리, 제안 제도 정량화, 지게차 종합 관리, 테마별 안전 점검, 장기 재고 처리 등이 그 일환입니다. 도급 합리화도 그중 하나이며 이런 것들이 모이고 모여 커다란 강물(수익)을 이루게 되었습니다.

그리고, 공유와 소통을 강조하면서 협업할 수 있는 분위기를 만들었습니다. 각 요소별로 Daily share 정책을 펼치면서 작업 일정과 계획서 공유, 생산 현황 공유, 품질 이슈 공유, 출고 현황과 원료 입고 상황 공유 등으로 관련자들의 업무 방향성 설정에 큰 기여를 하게 되었습니다. 에러를 줄이고 낭비 요소가 줄어들면서 현장은 보다 활기를 띠게 되었습니다.

마지막으로 문제 해결과 미래 성장 동력 확보입니다. OEMS/ISO 확립, Trouble rep 공유, 장기 재고 처리, 탄소 배출권 관리 체계화, 활성탄 교체 주기 설정, 재생 원료 재고 축소, 그외 각종 안전 확보를 위한 시스템 개선 등이 있습니다. 아쉽게도 PMIS(공정 전산화), 랙창고 자동화, 지붕 태양광 설치, 제2 코팅설비 도입 등은 못다 한 과제로 남았습니다.

기업은 자원을 투입하여 제품 등과 같은 성과 산출물을 만들고 이를 고객에게 제공하면서 그 가치를 얻고 있습니다. 모든 가치사슬 활동에는 투입이 있고 산출 또는 결과물이 있습니다. 투입과 산출 사이에는 프로세스가 수반되는데 각 프로세스가 원활하도록 체계화한 것이 경영 시스템입니다. 경영의 각 요소가 경영 시스템으로 정착되고 가치 창출이 가능한 경영 시스템이 있을 때 기업의 성과는 향상될 수 있습니다.

우리가 상대방으로부터 얻을 수 있는 것은 두 가지라고 합니다. 상대의 물질과 마음(지식)이라고 합니다. 물질을 정당하게 얻기 위해서는 거래를 하는 것이며, 다른 사람의 마음을 얻는다면 물질은 쉽게 얻을 수 있다고 합니다. 기업을 운영하기 위해서는 직원들의 마음을 얻는 것이 가장 중요한 요소입니다. 함께하는 마음을 얻으려 노력하고 그 물질(이익)을 갖게 되기를 소망합니다.

아직 할 일이 많이 남았다고 생각되지만 나이도 들고 강물이 바다로 흐르듯 순리에 따라 흘러갈 수밖에 없는 것이 인생사입니다. 저는 정든 곳을 떠나서 새로운 세계로 발걸음을 내딛지만 다시 만날지는 기약할 수 없습니다. 부디 여러분들의 앞에는 즐겁고 좋은 길이 열리기를 바라 마지않습니다.

여러분 모두의 앞날에 행운이 가득하기를 기원드리면서 이만!!

감사합니다!

경영은 성과를 낼 수 있도록
바꾸는 일이다

회사(會社, company)는 사단성, 법인성, 영리성을 갖춰야 합니다. 사단이므로 2인 이상이 있어야 하나 주식회사에서는 1인 회사도 인정됩니다. 법인이므로 개인의 인격과 같은 권리 의무 주체가 되면서 주소를 두어야 합니다. 회사는 영리법인이므로 경제적인 이익을 도모하고 그 이익을 구성원 및 주주에게 분배해야 합니다.

기업(企業, enterprise)이란 이윤 추구를 목적으로 재화나 서비스를 생산하고 판매하는 경제단위이며, 그 기업의 구체적인 활동을 경영이라고 합니다. 기업 활동은 생산에 한정되지 않고 이윤의 획득을 목적으로 하는 유통, 금융 활동까지 포함합니다. 기업에서 얻은 이윤의 일부는 환경보호, 문화예술, 자원봉사 등 사회책임(CSR) 활동에 기여합니다.

경영(經營, management)이란 경제 단위를 운영하는 일로 성과를 낼 수 있도록 바꾸는 일입니다. 경영은 성과예술로서 경영의 역할은 일을 해내는 조직으로 만드는 것입니다. 경영이란 가지고 있는 자원으로 최대의 성과를 올리는 일과 그 방법론입니다. 경영의 사명은 가치사슬을 이해하고 가치 창출을 위해 함께 협력하는 것입니다. 하버드 비즈니스 리뷰의 편집자였던 조안 마그레타가 쓴 저서에 소개된 경영의 9가지 원칙은!

① **가치 창조**: 가치는 고객이 정하며 경영자는 참여시키는 것
② **비즈니스 모델**: 통찰을 사업화하기
③ **전략**: 탁월한 성과를 내는 논리
④ **조직**: 어디에 선을 그릴 것인가? 경계선, 조직도, 권한의 선
⑤ **현실 직시**: 어떤 숫자가 왜 중요한가? 수익, 현금흐름…
⑥ **진정한 핵심**: 사명과 성과 측정 도구들, CSF, KPI…
⑦ **미래에 배팅**: 혁신과 불확실성, 투자
⑧ **경영의 성과 내기**: 당신이 먼저 집중하라!
⑨ **인적 자원 관리**: 어떤 가치들이 왜 중요한가?

경영 이론은 현실을 바꾸는 힘이 있습니다. 새로운 아이디어가 현실에

반영되면 수백만 명의 삶이 달라질 수 있습니다. 반대로 현실과 맞지 않는 이론은 빠르게 역사의 뒤안길로 사라집니다. 경영하는 방법을 배우지 못한 기업가는 오래가지 못하고, 혁신하지 않는 경영자 역시 오래가지 못합니다. 다음 세 가지 질문을 통해 훌륭한 경영을 하고 있는지 판단해 보면 됩니다.

① 성취할 것이 무엇인지 이해하고, 목적을 조직 내 사람들과 공유하고 있는가?
② 조직이 그 목적을 달성하기 위해 어떻게 해야 하는지 설명할 수 있는가?
③ 약속한 대로 결과를 내놓고 있는가?

조직의 목적은 사람들을 같은 방향으로 집중시키고 끌어가는 것입니다. 따라서, 조직의 목적을 구체적으로 만들어야 합니다. 이익은 목표가 아니라 결과이며 수익에 집중하는 경영은 수익 목표를 달성하면서 그 차이를 잊게 됩니다. <u>모든 사업의 진정한 목표는 고객을 위한 가치를 창조하고 그 결과가 수익에 연결되도록 하는 것</u>입니다. 회사를 운영하면서 혹은 업무를 수행하면서 이 사업의 본질이 무엇이고 고객의 가치가 무엇인지에 대해 진심으로 고민해 보았나요?

아날로그에서 디지털로 전환되면서 변화의 속도는 빨라지고 있습니다. 변화가 빠를수록 기업의 리스크는 점차 증가하고 위기는 더 빨리 수시로 직면합니다. 하지만 변화 속에서도 지속 가능한 사업과 경영 성과를 위해서는 다음과 같은 변하지 않는 경영 원칙이 필요합니다.

① **선택과 집중**: pareto 법칙(2:8)에 의거 최소 자원으로 최대 효과
② **변화혁신**: 개선 과제, 3정5S, 낭비 제거의 지속적 활동
③ **미래가치**: 합리적 투자와 매몰 비용의 과감한 판단과 비전제시
④ **신뢰와 존중**: 함께하는 목표와 성과 공유

경영학에서는 회계, 재무, 인사/조직, 생산/서비스 관리, 마케팅, 공급

망관리(SCM[1]), 정보시스템, 전략 등을 학습합니다. 기업의 목표를 수립하고 성과로 연결하기 위한 다양한 방법론을 학습합니다. 그리고 그 방법론은 측정의 대상이 되도록 제시합니다. 성과로 인식하는 모든 것은 수치화하여 재무 지표로 표시될 수 있어야 합니다. 그래야만 성과로 연결할 수 있습니다.

경영의 진리는, **측정의 대상이 되는 작업은 반드시 완수된다**는 것입니다. 재무적 지표는 전체적인 이야기를 들려주지 않지만 성과 결과를 숫자로 보여줍니다. 경영의 각 요소별로 측정 가능한 모든 것은 수치화하여 재무 지표로 연결하게 되면 객관성과 타당성을 가지게 됩니다. 하지만, 현실적으로는 모든 활동이 수치화되지 않습니다. 때로는 잘못된 원가 시스템 및 재고 계산으로 엉뚱한 결과를 낳기도 합니다. 그럼에도 불구하고 수치화, 정량화하려는 노력은 계속되어야 회사가 성장합니다. 측정의 대상과 결과가 다르게 나온다면 문제의 원인을 찾아 개선해야 한다는 것입니다.

---

1 SCM(Supply Chain Management), 공급망 관리

경영 성과와 재무제표 알아보기

경영 성과가 수치화된 것이 재무제표이며, 각종 재무 정보는 목적에 따라 계량화하여 기업 분석 도구로 활용됩니다. 기업 규모가 일정 수준 이상 커지면 경영자정보시스템(EIS[2])을 구축하여 이런 재무적인 지표들의 추세나 흐름 등을 시각화하여 경영진이나 사업관리자들의 의사결정에 도움이 되도록 구성합니다.

[표 1] 재무지표 계량화

구분	목적	사례
수익성	투자 대비 수익 규모 측정	영업 이익률, ROIC, EBITDA 마진율, FCF
안정성	자산건전성 및 리스크 관리	부채 비율, 이자 보상 비율, 채권회수율
성장성	수익성 전제 사업의 방향	영업 이익 증가율, 매출액 증가율, 생산 증가율
활동성	업황 및 효율적 자산 관리	매출 채권 회전율, 재고자산 회전율, 설비가동율
유동성	상환 능력, 생존 능력	유동 비율=유동 자산/유동 비율
평가가치	사업가치 측정	PER, PBR, ROE, EV/EBITDA, EVA

수익성 지표는 모든 기업에서 매우 중요하게 여기는 것으로 영업 이익율(영업이익/매출액), ROIC(자본수익률=순이익/자본), EBITDA 마진율 등이 대표적입니다. EBITDA[3] 마진율은 주식 지표에 많이 활용되며, EBITDA는 현금 창출 능력 지표로 영업이익과 감가상각, 법인세, 이자 비용이 포함되며, 회계 비용이 제거되어 기업 간 영업 성과를 동일한 기준으로 비교하는 지표로 볼 수 있습니다.

안정성 지표에는 부채 상환 능력을 보는 것으로 부채비율(부채 총계/자

---

2 EIS(Enterprise Information System), 경영정보시스템

3 • EBITDA=Earnings before interest, taxes, depreciation & amortization, 이자·법인세·감가상각 차감 전 영업이익➔ 현금창출 능력=영업이익+감가상각+법인세+이자 비용
 • EBITDA 마진율 = EBITDA/매출액 *100

기자본)이 대표적이며, 산업별로 다르겠지만 부채비율이 200% 이하면 양호, 100% 이하면 매우 양호하다고 할 수 있습니다. 기업의 자산은 자기자본과 타인자본(부채)으로 구성되고 부채는 미래에 갚아야 할 채무이므로 과도할 경우 기업 존립에 문제가 발생합니다. 이자보상비율(영업이익/이자비용, WACC)은 금융비용 부담능력을 보는 것입니다.

성장성이란 이익, 매출, 생산, 자산 등의 증가율을 나타내는데 3년 이상 지속적인 성장값을 나타내는 회사는 미래가치가 좋은 회사라고 볼 수 있습니다. 매출채권 회전일수는 매출이 발생하고 현금화로 회수되는 기간을 나타내고, 매출채권회전율은 매출채권회전기간을 연(365일)으로 나눈 값으로 채권의 흐름 상태가 어떠한지를 살펴보는 것입니다. 여기서 채권은 청구할 수 있는 법적 권리를 말하며, 권리는 주로 경제적 가치를 지닌 물건이나 서비스 또는 금전에 관한 것입니다.

유동성 지표는 기업이 망하지 않을 것을 판단하는 데 도움이 되며 유동비율은 유동자산/유동부채로 계산합니다. 유동자산과 부채는 1년 내 현금으로 만들 수 있는 것으로 1보다 크면 자산이 많다는 것을 알 수 있습니다. 유동비율 값이 크면 매력적인 회사라고 볼 수 있습니다. 유동비율이 낮을 경우에는 자금 경색으로 인해 흑자도산의 우려도 있습니다.

기업 가치는 각종 재무 실적을 토대로 평가받는데 상장사라면 주식가치로 쉽게 알 수 있습니다. PER[4]가 상대적으로 낮거나, PBR[5]이 1보다 낮다면 저평가되었다는 것입니다. ROE[6]는 최소 예금금리 이상이어야 할 필요가 있습니다.

---

4 PER(Price Earnings Ratio), 주가수익비율 = 주가/주당순이익
5 PBR(Price Book-value Ratio), 주가순자산비율 = 주가/주당순자산
6 ROE(Return on Equity), 자기자본수익율 = 당기순이익/평균자기자본

[그림 1] 기업 가치

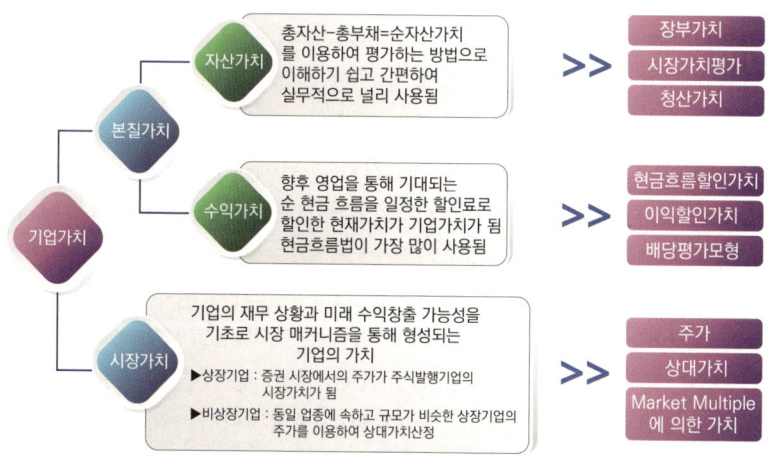

기업 가치는 재무적으로 표시되는 순자산 가치가 있는 반면 무형이나 미래 성장 가치 등 수치화하기 어려운 부분도 있습니다. 순자산가치를 평가하는 절차는 다음과 같으며 필요시 동종 회사를 비교한 상대적 가치 평가를 병행할 수 있습니다.

1) 장부가와 시가의 차이 조정: 부동산, 투자자산, 유가증권 등
2) 부실재고, 부실채권, 매몰자산 등 자산성이 없는 것 제거
3) 우발채무 발생 가능성: 어음/수표 부실, 지급보증
4) 자산의 소유권 확인: 임대, 리스 등
5) 무형자산 평가: 특허권/산업재산권, 제품 개발 능력, 기술력, 시장점유율 등

기업 가치, EV(Enterprise Value)는 회사를 인수하고 합병하는 M&A에 주로 쓰입니다. 인수합병은 단순히 주식만 사는 것이 아니라 경영권과 차입금 등 위험까지 떠안는 것입니다. EV/EBITDA는 기업의 시장가치(EV)를 세전영업이익(EBITDA)으로 나눈 것으로 투자원금을 회수하는 데 걸리는 기간이라고 할 수 있습니다.

경영 성과를 내기 위해 경영 계획과 목표를 수립한다

기업은 경영 성과를 이루기 위해 경영 계획과 목표를 수립하고 평가합니다. 목표 설정이 없고 평가와 보상의 연계성이 없는 기업은 영양분 없이 자라는 식물과 같습니다. 하늘에서 내리는 강수량이나 습도에 따라 자라는 천수답처럼 운에 맡기는 기업이 될 수밖에 없습니다. 제대로 된 기업이라면 목표관리 및 평가보상제도를 운영하는 것이 필요합니다.

경영 계획은 방침과 전략, 핵심성공요소(CSF[7])와 중점추진과제, KPI[8], 세부실행방안을 포함합니다. 경영 계획에는 조직이 달성해야 하는 경영요소별로 재무성과, 사업환경전망, 판매/생산/재고/인력 목표, 신규사업, 개발계획 등이 우선순위나 가중치별로 구성됩니다.

[표 2] 전략과제 설정

	전략과제/CSF	현수준	목표수준(KPI)	실행방안 (Action Plan)	%
1	생산성 향상	Loss **%	Loss **%	비가동 **%	25%
2	R&D역량 강화	매출비 10%	매출비 20%	신제품 3건 개발	25%
3	QC 강화	반품손실 **억 반품수량 **톤	반품손실 **억 반품수량 **톤	CTQ 개선 **건 B/S **건, A/S **건	20%
4	원가개선	**억	**억	포장재/물류비 절감	15%
5	무재해 달성	안전인시 **일	무재해 2배수	위험성 평가	15%

경영 계획은 조직 단위로 작성하므로 전사 경영계획, 사업부 경영계획을 수립하고 실행조직인 팀 단위 목표와 연결합니다. 조직은 직무기술서를 토대로 CSF를 도출하고 이어서 CSF 달성을 위한 KPI를 선정합니다. KPI는 정량적인 것이 좋으며 CSF와 연결이 되어야 합니다. 조직 목표가

---

7 CSF(Critical Success Factor), 핵심성공요소
8 KPI(Key Performance Indicator), 핵심역량인자

만들어지면 최종적으로 개인 목표를 이와 연계(align)되도록 합니다. 경영자나 조직 책임자는 조직의 공동 목표를 완성하는 리더이므로 조직 목표와 개인 목표를 동일시할 수 있습니다.

많은 경우 KPI는 달성되었지만 CSF는 성공적으로 이뤄지지 않습니다. 핵심 요소와 핵심 인자를 제대로 이해하지 못했거나 업의 본질과 가치가 연계(align)되지 않았기 때문입니다. 삽질을 만 번 또는 2만 번 한다고 우물이 완성되지 않듯이 검사 건수를 만 번 한다고 불량이 쉽게 줄어들지 않는 것과 같습니다. CSF와 KPI의 align은 매우 중요하고 깊은 고민이 필요합니다.

목표 자체가 경영 방침이나 계획에 연결되기보다 일의 단순한 결과일 수 있습니다. 계획이 완벽하다고 일이 잘된다는 보장도 없습니다. 재해 제로 같은 이상적인 목표를 정해 두고 사고가 한 건이라도 날 경우 책임을 묻는 경우 목표로서 의미가 크지 않습니다. 결국 **계획이나 목표는 복잡하고 거창할 필요가 없으며, 미션을 수행할 수 있는 정도의 목푯값으로 충분**합니다. 조직 구성원이 이해하고 동의할 수 있는 수준이면 됩니다.

정량 평가는 평가 기준이 정해져 있어 비교적 이해는 쉽지만 결과가 꼭 만족스럽지 않을 수도 있습니다. 이를 보완하기 위해 정성 평가가 필요한 경우도 있습니다. 정성 평가의 경우 평가자의 주관에 의해 결정되는 것이지만 최대한 객관성을 유지하는 것이 필요합니다.

[표 3] 정성지표 사례

정성 지표 유형	평가 요소
일반적 업무 수행	업무수행 일정과 업무 완결도 수행 결과의 효과성, 노력도, 결과
전략 및 계획 수립	상위 전략과의 연계성 및 파급력 실행 가능성, 분석의 적절성, 일정 준수
Project 수행	일정 준수와 효과성 실행가능성과 만족도

경영계획 및 목표가 수립된 후 평가 시에는 평가자의 편견이나 선입견이 반영되지 않도록 하는 것이 중요합니다. 왜냐하면, 개인이 달성할 수 있는 것보다 협업을 통해 조직이 달성할 수 있는 것이 많고 또한, 계획이나 목표의 난이도가 다르며, 내부 조직의 노력보다 외부 환경 영향이 크기 때문에 개인의 성과로 바로 연결되지 않기 때문입니다. 결국 평가자 자신이 보고 싶은 만큼 평가할 수가 있습니다.

조직은 업의 본질을 이해하고 그 본질을 달성하기 위해 어떤 목표를 얼마만큼 어떻게 해야 하는지를 지속 고민해야 합니다. 계획 수립과 목표 달성, 평가는 반드시 필요하지만 과도하게 평가에 몰입하게 되면 어려운 과제는 누구도 하지 않을 것입니다. 특히, <u>**개인 목표는 간결하고 동의할 수 있는 수준이면 충분하고 평가는 공정을 확보**</u>하는 것이 핵심입니다. 공정 평가를 잃어버린 조직은 점차 창의성이 없어지고 매너리즘에 빠진 문화로 고착될 것입니다.

사실 개인 평가 결과에 만족하기란 쉽지 않으므로 평가는 단순화 또는 상대화가 필요합니다. 개인 평가는 내부 이해관계자의 참여나 동의를 통해 불만을 줄일 수 있습니다. 예를 들자면 원가절감 목표에 기여도가 큰 직원을 관련 구성원으로부터 공개적으로 추천받고 심사 기준과 결과를 공개하여 공정을 확보하는 것입니다. 필요하다면 심사에 근로자 대표를 참여시키는 것도 좋습니다.

목표 수립은 결국 평가로 연결되는 것이므로 평가의 공정성을 확보하는 것은 매우 중요합니다. 따라서, 조직의 목표 수립 시에는 구성원의 합의가 중요하고 평가 시에는 조직과 개인의 평가를 분리하는 것이 필요합니다. 개인 평가에는 목표에 따른 실적평가와 역량평가를 보완하는 것도 필요합니다. 열심히 하였지만 성과가 제대로 나오지 않는 경우와 운으로 이루어진 성과 등을 구분하여 구성원들이 동의할 수 있는 수준의 평가 결과가 나올 수 있도록 하는 것이 중요합니다.

마케팅(Marketing)은 기업 가치 생성의 최전선이다

　기업의 모든 부가가치는 고객으로부터 발생합니다. 업의 본질과 대상 고객, 요구사항을 파악하여 우리가 제공하고자 하는 가치와 고객의 가치를 맞춰나가야 합니다. 우리가 가지고 있는 역량의 장단점을 분석하여 가치를 지속하고 확대할 수 있는 방향으로 전략을 수립해야 합니다. SWOT[9] 분석을 통해 강점을 추구하면서 투자전략과 개발전략으로 연결시켜야 합니다.

　제품이 좋거나 기업의 장점을 바탕으로 한 영업/판매(Sales)만으로는 성장에 한계가 있습니다. 지금은 잘 팔리지만 시장은 변하고 고객의 마음 또한 변하므로 공급 우위의 방식으로 사업을 할 경우 위기가 오기 마련입니다. 그래서 필요한 것이 마케팅 전략입니다. 기업은 마케팅 전략으로 환경 분석, 경쟁사 분석, 수요와 공급 분석, 원가경쟁력 등을 갖춰야 합니다.

　영업은 판매자 중심의 '팔다' 개념으로 공급 우위의 상황에서 유효합니다. 고객의 요구가 다양해지고 '팔리다'로 전환하는 시점부터 마케팅과 광고 및 브랜드가 나타납니다. 상품이나 제품이 팔리게 하는 것, 바로 마케팅의 시작입니다.

　마케팅은 고객이나 서비스를 효율적으로 제공하기 위한 체계적인 경영활동입니다. 고객에 대한 철저한 이해가 필요하고 목표고객을 설정하는 것이 중요합니다. 마케팅 활동에는 시장 조사, 상품 계획, 판매 촉진, 선전광고, 디지털 마케팅 등이 있습니다. 마케팅은 생산자와 소비자가 바라는 것을 결합해 능률적으로 공급하는 것으로 생산한 물건을 판매하기 위해 소비자들이 원하고 좋아하고 바라는 것을 얻게 해주는 것이 마케팅입니다.

---

9 SWOT(Strength, Weakness, Opportunity, Threat), 강점/약점/기회/위기

[그림 2] 마케팅 과정

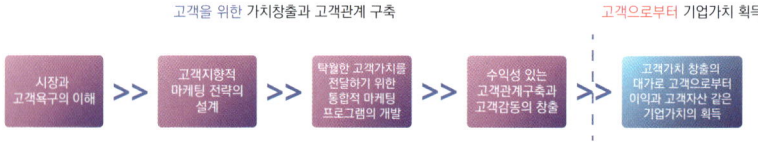

한국 마케팅학회에서는 "마케팅은 조직이나 개인이 자신의 목적을 달성시키는 교환을 창출하고 유지할 수 있도록 시장을 정의하고 관리하는 것"이라고 정의합니다. 마케팅 전략에서 많이 쓰이는 용어로 제조 관점의 4P[10], 고객 관점의 4C[11], 4R[12]가 있습니다.

상품에는 소비재와 생산재로 나눌 수 있고 소비재는 상점에서 쉽게 구매할 수 있는 편의용품, 고객이 상품을 찾아내고 가격·품질·모양 등 여러 가지를 비교하여 구입하는 쇼핑 상품, 소비자의 특별한 노력이 필요하고 가격이 중요시되지 않는 전문용품 등으로 분류합니다. 원료나 설비와 같은 생산에 필요한 생산재의 거래는 보통 전문거래인을 통해 이뤄집니다.

상품의 마케팅은 가격 책정, 상품 선정, 유통 개선, 판매 촉진, 시장 조사 등 5가지 요소를 고려합니다. 판매촉진은 문화와 관련이 있으며 상품 정보의 전달이 중요합니다. 시장조사는 시장정보의 수집·기록·분석으로 마케팅 활동을 평가하는 것 뿐만 아니라 미래 계획의 기초 자료로 이용됩니다.

---

10 4P: 제품(Product) 전략: 고객 만족(디자인, 성능, 편리성…)
    가격(Price) 전략: Price policy
    유통(Place) 전략: 고객 신뢰성 확보
    촉진(Promotion) 전략: After Service, Before Service
11 4C: Customer benefit/value, Cost, Convenience, Communication
12 4R: Responsive, Relevant, Relationship, Return

대부분의 상품은 수천 년간 시장과 행상에 의해 판매되었으며, 지금도 소매 거래 중심으로 기능을 유지하고 있습니다. 근대에 백화점, 할인점 등 대형 유통 체계가 등장하고 소비조합이나 주문, 자동판매기, 방문 판매의 무점포 소매업 등 유통 체계의 변화가 나타나고 있습니다. 최근에는 인터넷의 발달로 온라인 유통이나 네트워크 마케팅이 활발해지고 있습니다.

마케팅에서 가장 중요한 것은 시장조사(marketing research)로 마케팅에서 발생하는 여러 가지 문제 해결을 위해 고객의 선호도, 구매력, 기호, 습관, 태도 등을 조사합니다. 또 상품의 유통 경로, 가격 책정, 상품의 디자인도 고려됩니다. 시장 조사에는 광고 효과를 평가하는 광고 조사, 상품 판매가능성을 예측하는 시장 분석, 판매량, 판매 성과, 점유율, 이윤 등 목적 성취도를 살펴보는 성과 분석, 유통 경로의 효율성을 증대시키기 위한 유통 조사, 상품에 대한 필요성과 디자인 검토를 하는 상품 조사 등이 있습니다.

시장 조사(marketing research)는 상황을 알려줄 뿐이며, 비용이 많이 들고 자료의 가치가 빨리 사라진다는 특징이 있습니다. 시장조사는 ①예비 조사 ②문제 설정 ③계획 수립 ④수집/정리 ⑤결과 해석 ⑥보고의 단계를 거쳐 진행됩니다.

산업이 발달하고 상품 수가 증가하고 변화가 빠르면서 신제품의 수요도 늘어나고 있습니다. 상품 설계, 상품 결합, 포장과 상표설정, 광고도 마케팅의 영역과 결합하고 있습니다. 마케팅의 발달로 시장 통합과 유통 경로가 단축되고 있으며, 새로운 마케팅 기술이 요구되고 있습니다. 인터넷과 정보처리기술의 발달로 콘텐츠 검색 플랫폼 서비스, 소셜 네트워크 서비스 등을 통해 새로운 마케팅과 광고의 결합이 이뤄집니다. 인터넷을 통해 형성된 새로운 온라인 마케팅 영역은 사실상 오프라인 시장의 축소를 가져오고 택배·물류와 배송 산업의 확산을 가져오고 있습니다.

지속 가능한 기업이 되기 위해 꼭 필요한 인식! 가치는 고객으로부터 나오고 시대나 상황에 따라 변하기 마련입니다. 가치 창출의 흐름을 읽고 따라가야 합니다. 그러기 위해 마케팅 특히 시장조사를 게을리하지 않고 고객의 생각을 따라가야 합니다. 영업 담당자로 대변되는 세일즈맨은 고객의 입장이 아니라 고객의 진정한 요구가 무엇인지 아는 것이 중요합니다. 사업책임자나 경영자는 고객의 소리(VOC[13])를 듣기 위해 시장을 자주 찾아야 고객의 진정한 요구를 이해할 수 있습니다.

고객의 소리를 듣고 고객가치 변화에 주목하기 위해서는 고객 정보를 항상 최선으로 유지하고 있어야 합니다. 거래 고객에 대한 일반 정보와 경영 정보 및 거래 물량 정보는 물론이고 고객의 미래 방향성까지 예측할 수 있어야 합니다. 거래하는 제품의 변화와 추진하는 방향까지 알 수 있어야 진정한 파트너십을 형성할 수 있습니다. 영업 담당자들에게도 항상 변화하는 최신 정보를 갱신하게끔 미션을 부여하는 것이 필요합니다. 이런 사항을 게을리할 때 영업 담당자는 그 기회를 먼저 알고 자신의 가치 부여에 활용할 가능성이 높습니다.

---

13 VOC(Voice of Customer), 고객의 소리

[별첨: 마케팅/영업에서 리스크 관리 업무]

1. 영업 활동과 관련된 기업법무 관리 사항
- 물품공급 표준계약 마련
- 계약서 수취 및 보관 등 계약관리
- 지급명령 신청, 소송 및 공증 등 집행권원 확보
- 소송 대리 및 법원 업무 대행
- 가압류, 가처분 등 보전처분
- 경매, 압류추심, 기타 집행 등 강제집행
- 담보평가, 근저당 설정과 관리, 지급보증 등 담보관리
- B2B 약정 및 보증 관리
- 기타 관련된 법원행정 및 기업법무 관리

2. 영업활동과 관련된 채권 리스크 관리
- 규정의 제정.개정 및 집행
- 고객의 운영계획서 관리 및 각종 수반된 파일 유지 관리
- 담보평가에 의한 한도관리
- 고액특인 및 발행/배서인 등 어음한도 관리
- 받을 어음의 부도 후 및 만기전 대체에 관한 사항
- 고객 평가, 기본신용한도 및 정책·긴급 신용한도 관리
- 채권회의 개최 및 채권현황 보고
- 등기부조회, 신용조사 의뢰, 자체 신용조사 등
- 미수금 지표 설정, 현황분석 등 미수금 관리
- 리스크에 대한 판매정지 조치 및 유예 관리
- 부실징후 보고서 접수 및 이행 관리
- 상업신용보험, 수출보험 및 LC 관련 리스크 관리업무
- 기타 채권 리스크와 관련된 제반 지원업무

3. 영업활동에 의한 부실채권의 회수업무
- 부실채권 회수를 위한 법적 대응

- 부실채권 발생 및 현황 관리
- 기타 부실채권 회수와 관련한 사항
- 부실채권의 회수불능에 따른 대손상각 지원

4. 기타 기업법무, 채권리스크 관리에 관한 업무
- 채권관리 규정과 요령에 수반된 업무
- 고객과 경영협약 체결, 컨설팅 등 밀착고객관리 사항
- 고객과 이행계획 수립 및 진도관리에 관한 사항
- 기업법무 및 채권과 관련한 교육
- 변호사, 법무사, 감정평가사, 신용조사기관 등 대외 업무
- 본 조 각항의 업무수행을 위한 전산시스템 운영관리
- 기타 행정, 비용처리에 관한 사항

[표 4] 영업관리업무

구분	목적
기업법무	계약관리: 표준계약서, 수취, 보관, 양수도 협약 및 대응 등 집행권원: 소송 및 소송대리, 지급명령, 공증 등 확보 보전처분: 가압류, 가처분, 각서, 보증인 등 채권확보 사전조치 강제집행: 경매, 압류추심, 재산명시, 재산조회 등 법률분석: 이슈별 대응 검토, 법무법인 대응
재무리스크	담보관리: 담보평가/확보, 근저당, 지급보증, 양도담보, 질권 등 미수금 관리: 미수상태/현황/지표관리, 악성미수관리 유가증권관리: 어음기일/특인관리, 어음대체, 배서인관리 출하통제관리: 판매정지 및 유예, 기일관리 악성채권관리: 부실징후관리, 부실관리 및 대손상각 상업신용보험, B2B약정, 보증관리 등
일반채권관리	운영규정관리, 고객현황관리 거래한도관리: 담보한도, 어음한도, 신용한도 고객분석평가: 외부신용평가, 고객방문평가 등 신용상태관리: 주기별 신용변동관리, 거래특이사항관리 신용조사: 등기부 조회, 신용현지조사, 실물현황분석 등
부수업무	밀착고객관리: 경영협약/컨설팅, 진도이행관리 등 채권회의 및 현황보고, 채권교육 연관업무: 민/형사 소송, 법원등기, 금융기관, 법무법인, 법무사, 감정평가사, 부동산 경매분석기관, 신용평가기관, ID관리 등

R&D(연구개발)는 지속가능한 기업 가치를 만들어 낸다

사업환경은 지속적으로 변화하고 있으며 오늘의 수익제품이라 하더라도 내일은 경쟁 속에서 사양군으로 편입될 수 있습니다. 이를 극복하고 지속가능한 사업을 유지하기 위해서는 고객의 요구 변화를 알고 연구개발 활동을 계속해 나가야 합니다. 고객이 요구하는 가치에 대해 선도적으로 앞서나가는 기업만이 살아남을 수 있습니다.

연구개발 활동은 오랫동안 많은 투자를 필요로 하므로 체계적으로 수행하는 것이 요구됩니다. 고객의 진정한 요구와 시장의 크기 등을 아는 것은 매우 중요합니다. 따라서, 연구개발 초기에는 R&D 요청서에 목적과 용도, 시장규모, 경쟁사, 목표 판매량과 가격, 주요 요구물성 등을 파악하는 것이 중요합니다.

제품 개발 개요	
Grade명	DSLA02 두께 :100um, 비중 : 0.65 DSQ802와 동일 Gloss 특성 (단면 반반무광 / 단면 유광)
개발 목적	감열용 합성지
시장(용도)	감열 필름 (항공기 Tag용, 티켓인쇄용, Food Label용)
고객명	
내수/수출	내수 및 수출
시장 크기	- 톤 이상
경쟁사 및 M/S (또는 ISS)	해외 BOPP 생산업체
목표 판매량	월 - 톤
예상 판매 가격	- 원/kg (상세 단가 협의 중)
기타	유광면 감열코팅 (무광면 점착코팅)

주요 품질 Check list		
제품 Spec.	평균 두께	100 um
	밀도	0.65 g/cm³
	코로나 강도	양면 코로나 처리
후가공평가	1차	Check 항목 : 제품 외관 (골주름), 펄럭임, 코로나
	2차	Check 항목 : 잉크부착력 (DSQ702는 양호)
기타	• 폭/길이 규격 정보 - 폭 2,050, 길이 8,100m - (1차 시생산시 길이 2,000m or 4,000m 유상샘플 생산)	

    R&D 요청서를 토대로 R&D 계획을 수립해야 합니다. R&D 계획서에는 구체적인 개발 배경과 목적, 목표물성과 target recipe, 원가 분석, 개발 일정 및 시생산 계획 등이 수립되어야 합니다. 원가 분석을 위해서는 원부재료 소싱과 매입 예상가격과 판매예상가격, 평균 단가, 생산 시 목표수율 등을 고려하여 원가설계 시나리오가 수립되어야 합니다. R&D 계획에는 그외 실제 생산 시 예상되는 CTQ 및 품질 문제 등에 대한 계획도 수립하는 것이 좋습니다. 개발 일정은 lab test, bench test, pilot test, plant test 시기별로 설정하는 것이 필요합니다. R&D 계획의 충실도에 따라 R&D 결과는 매우 다른 결과를 보여주게 될 것입니다.

    이후 R&D 계획이 수립되면 진도 관리가 이뤄져야 합니다. 진도율, 목표량, due date 및 time schedule이 체계적으로 관리되고 계속 수행 여부와 함께 성과물을 주기적으로 점검하는 것이 좋습니다.

No	제목/Grade	Target 물성 (CTQ)	Due date	진도율		목표량
1	BOPE 필름 DHE40	Haze 10 이하 인장강도(MD) 8 이상	**	85	delay	50MT
2	수축 슬리브라벨	수축율(MD) 2% 이하 수축율(TD) 50% 이상	**	50	보류	200MT

　개발이 끝나고 시생산 이후 제품 판매가 이뤄지고 일정 시간의 F/U 후 개발 완료 보고서를 작성하는 것이 필요합니다. 개발 완료보고서는 개발의 배경과 진행사항, 품질 문제 등을 망라한 백서나 논문 형태로 작성하는 것이 좋습니다. 참여자, 실행 기간, 테스트 결과물 등에 대해 상세하게 기록하여 자산으로 유지하는 것은 그동안의 노력을 헛되이 하지 않는 것입니다. 상당한 노력과 비용을 들였음에도 불구하고 실패로 끝난 것도 추후 시행착오를 줄일 수 있기에 개발보고서의 기록으로 남겨두는 것이 중요합니다.

ICT 활용과 DT/CE/Smart factory 이해하기

　기업들은 나름대로 ICT[14] 시스템을 운영하고 있습니다. 생산관리, 판매관리, 인사관리, 재무관리, 구매관리 등 기본업무뿐만 아니라 설비관리, 실험정보, 화학물질관리, 안전관리 등 전문업무에서도 ICT 시스템을 활용하고 있습니다. 또한, 이들이 결합된 전사적자원관리, ERP[15] 시스템을 도입하는 기업이 늘고 있습니다. ERP는 인력/생산재/물류/회계 등 기업의 모든 자원을 전체적으로 관리하여 최적화된 기업 활동을 가능하게 하는 전산 시스템입니다. ERP 패키지에는 독일 SAP의 R/3, 미국 SSA의 BPCS(업무기획관리 시스템), Oracle의 Oracle Application 등이 있습니다.

　기업의 생산 프로세스를 보면 아직도 효과적인 ICT 활용이 이뤄지고 있지 않습니다.

- 작업 지시·생산 계획·발주 접수 등 공장 데이터가 수기로 저장, 관리되지는 않는가?
- 공장 운영이 오퍼레이터의 경험으로 유지되면서 생산이나 품질 향상에 제한이나 한계가 있지는 않은가?
- 시스템화되었다고 하나 호환성이 없거나 중복되거나 관리형/기록형으로만 존재하는 시스템은 아닌가?
- 제품 및 반제품의 재고나 이동 상태를 쉽게 확인할 수 있는가?
- 목적이나 효과를 알 수 없는 업무 프로세스로 운영되고 있지는 않은가?

14　ICT(Information Communication Technology), 정보통신기술
15　ERP(Enterprise resources planning), 전사적 자원관리

[그림 3] 기업의 생산 프로세스

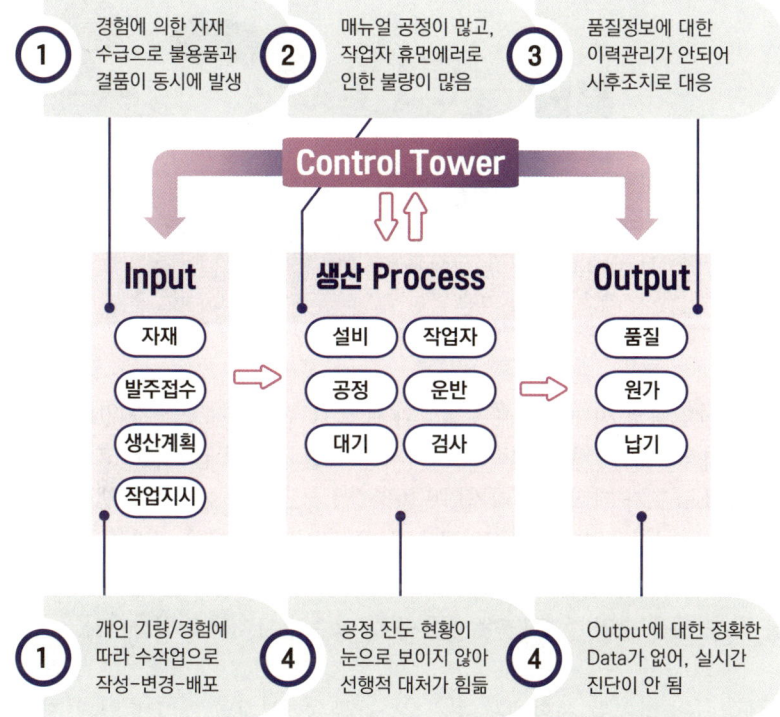

　2016년 다보스 포럼에서 4차 '산업혁명의 이해'라는 주제로 개최된 것을 전후로 세계는 4차 산업혁명 시대가 도래했다고 합니다. 4차 산업혁명은 인공지능(AI)에 의해 자동화와 연결성이 극대화되는 시대입니다. 소비 채널 혁명으로 공유경제와 플랫폼 경제로 바뀌고, 디지털 혁명으로 컴퓨터, 인터넷, 사물인터넷, 빅데이터, 인공지능이 연결된 초연결 사회가 됩니다.

[그림 4] 4차 산업혁명 단계

4차 산업혁명 시대에는 디지털화와 네크워크화는 거스를 수 없는 대세이며, 이제 기업의 생존 전략으로 디지털 혁신 전략이 급부상하고 있습니다. 기업 규모가 커질수록 디지털변환(DT[16]) 시스템이 회사의 경쟁력을 좌우합니다. 기업운영방식, 제품 생산, 물품 구매, 마케팅과 개발 등 다양한 분야에서 디지털 결합이 필요합니다. 생산자원의 효율적 운영, 제품 변동성 증가, 제품 수명 주기 단축, 비용 절감 이슈가 확대되고 있습니다.

데이터의 디지털 전환에서 최적화나 지능화의 개념 없이 도입된 전산시스템은 불필요한 자원을 소모하게 합니다. 지금 하고 있는 일이 꼭 필요한지 또 과정을 생략할 때 가능한 것인지를 고려해야 합니다. 현재 수행하고 있는 일을 옳다고 가정하고 빨리, 쉽게 하고자 하는 것이 아님을 명심해야 합니다. 또한, 효과를 알 수 없는 자동화나 디지털화는 문제를 더욱 복잡하게 만듭니다. DT/CE[17] 시스템을 구축할 때 잊지 말아야 하는 것은 목적과 효과(부가가치 창출)가 분명해야 하고 그것이 성과관리로 연결되어야 합니다.

---

16 DT(Digital Transform), 디지털 변환

17 CE(Connected Enterprise), 연결형 시스템

기존 제조업도 새로운 ICT를 접목하여 원가절감, 생산성 향상, 고부가 가치화를 추구하는 e-비즈니스가 도입되는 추세입니다. 기업내, 기업간, 기업과 소비자 관계까지 e-비즈니스와 전통 산업의 결합이 이뤄지는 등 모든 분야에서 가능합니다. 선진 기업들은 그동안 나름대로 ICT 결합에 따른 제조업의 자동화로 경쟁력 강화를 추진하고 있습니다. 하지만 더욱 지능화되고 초연결된 smart factory가 요구됩니다.

[표 5] 기존 자동화와 Smart factory 비교

구분	자동화공장	Smart factory	비고
공정 단위	연속(conveyor)	모듈별 진행	수평/수직적 네트워크
공정 진행	정해진 sequence	최적 모듈 이동	모듈과 카트간 정보교환
부분품 이동	수동(루트 go/stop)	능동(최적모듈 이동)	스마트 카트로 이동
유지 보수	엔지니어 진단	자체진단/원격제어	문제 예비경보, 관제센터
생산품목	지정 디자인/규격	Customized product	공정중에도 변경 가능

생산 현장에서 디지털 전환의 핵심은 스마트 제조(Smart factory)입니다. 고객과 시장의 니즈가 빅 데이터 분석 시스템을 통해 실시간 수집 및 축적되어 상품 개발에 반영되고 생산 설비와 같은 물리적 환경이 가상 시스템과 융합하여 인공지능 시스템에 의해 제어되고 생산되면서 고객에게 전달되는 기업의 모습으로 구축하는 것이 연결형 기업, CE(connected enterprise) 시스템입니다.

CE 시스템 구축은 Value Chain별 자동화, 디지털화, 연결화, 지능화를 추진하는 것입니다. 공장의 스마트 운영을 위해서는 분석 및 모바일에서부터 데이터에 대한 전례없는 엑세스, 뛰어난 연결성, 강력한 보안을 제공하는 기술이 필요합니다. 현장 중심형 Smart Factory는 디지털 기술(ICT)과 제조기술의 융합을 통해 낭비 없는 적시 생산체계를 만듦으로써 글로벌 경쟁력을 가질 수 있습니다. 생산자원의 효율적 운영, 제품 변동성 증가, 제품 수명주기 단축, 비용 절감 이슈가 생기면서 고객 맞춤

형 생산공장을 요구합니다.

제품 기획과 설계부터 유통 및 판매에 이르는 모든 과정에 ICT를 접목해 제조 단가를 낮추고 소비시장에 유연하게 대처하는 것입니다. 공장 내 설비와 기계에 사물인터넷(IoT)이 설치돼 있어 공정 데이터를 실시간으로 수집하고, 데이터에 기반한 의사결정이 이뤄지도록 합니다. 분석한 데이터를 기반으로 어디서 불량품이 발생하였는지, 이상 징후가 보이는 설비는 어떤 것인지 등을 인공지능(AI)이 파악하여 전체 공정을 제어합니다.

현장중심형 Smart Factory는 5개 module을 통해 궁극적으로 Connected Enterprise를 구현합니다.

① **최적화:** 업무 가시화, 업무 간소화, 업무 표준화
② **자동화:** 생산설비, 물류설비, 검사설비 자동화
③ **디지털화**: 생산계획, 작업 지시, 품질정보 디지털화
④ **연결화**: 설비 데이터, 작업자/작업 환경 데이터, 자재/재공 데이터 모니터링
⑤ **지능화**: 설비 예지정보 체계, 빅데이터 품질관리 체계, 수요대비 생산대응 체계

[그림 5] Smart Factory 구축

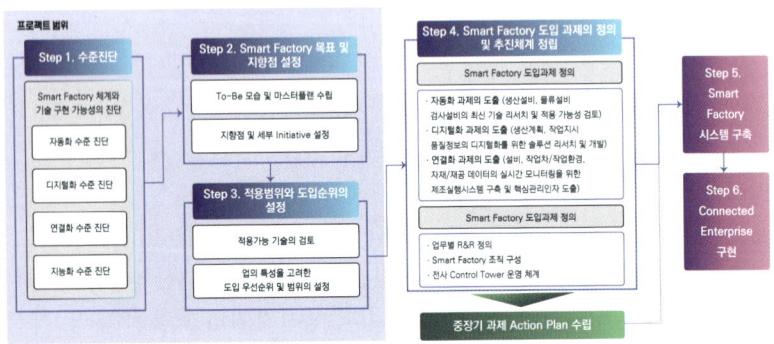

Smart Factory 구축은 ①수준 진단 ②목표 설정 ③우선 순위 설정 ④과제도출 단계로 추진합니다. 현장중심형 Smart Factory를 추진함에 있어서 수준 진단은 외부 전문기관을 통해 객관화하는 것이 중요합니다. 내부 인원이 진단을 할 경우 이해관계에 휘둘려 객관적 평가를 내리기 어렵습니다. 지피지기면 백전불패라고 하듯 나의 수준을 정확히 알고 목적을 이해하면 무엇을 어떻게 해야 하는지 알 수 있습니다. 전문가의 객관적 진단과 B/M을 통한 방향 수립이 되어야 원하는 목적을 달성할 수 있습니다.

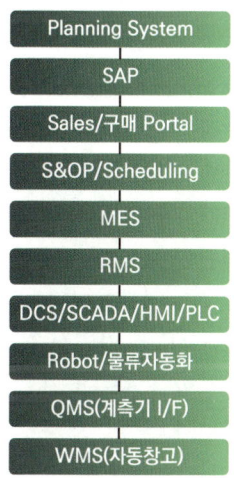

Smart Factory 추진을 위해서는 Data 연결구조를 만드는 것이 필요합니다. 각 시스템 간 연결고리를 만들고 추진 필요성을 확보합니다. 부족한 시스템은 신규 구축하며, 보완이 필요하거나 프로세스 및 시스템 개선이 필요한 것을 파악합니다. Data 간 연결이 안 된다면 장애를 예측할 수 있고 그 장애를 해결하도록 합니다.

[그림 6] Data 연결구조

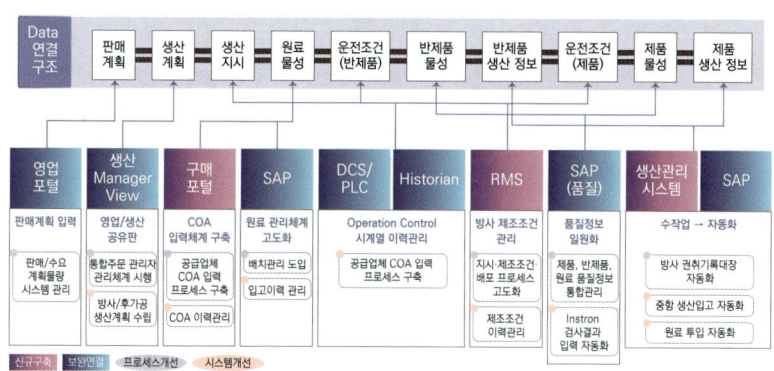

Smart Factory는 제조 전 과정을 정보통신기술(ICT)로 통합해 생산성 및 에너지효율 강화, 제품 불량률 감소 등 생산 시스템을 최적화하는 맞춤형 공장을 말합니다. Smart Factory는 모든 작업, 공정의 데이터를 수집하여 big data로 만들고 통합관리를 통해 표준화를 추진합니다. 투입 자원 효율(유효 활용정도), 부가가치 효율, system balance 효율(부하 gap과 공정편성 산포), 시스템 운용 효율(cost) 관점을 살펴 제조업의 서비스화를 기술적으로 실현하는 것입니다.

Smart factory의 핵심은 지능화에 있습니다. 공장 생산설비 중심의 수직적 통합과 고객요구에 의한 가치사슬 중심의 수평적 통합 구현합니다. 수직적 통합은 설비의 Sensor 및 device를 통하여 신호를 획득하고 PLC와 HMI의 등의 제어기술을 활용하여 설비 제어와 생산 프로세스에 연관된 MES(생산관리), WMS(창고관리)를 거쳐 전사적 자원관리, ERP에 ICT를 연동합니다. 실험정보, 화학물질관리, 안전 관리 등도 연계합니다. 수평적 가치사슬 통합은 B2B(기업고객), B2C(개인고객)가 원하는 요구사항을 충족하기 위한 R&D, 제품 생산, 고객 전달까지 과정을 연계합니다.

[그림 7] Smart Factory 프로세스

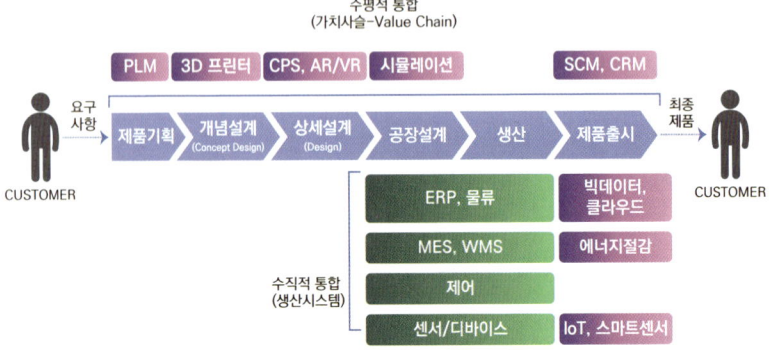

Smart Factory는 양날의 칼과 같아 Smart Factory가 확산되면 육체노동자(단순작업자)는 줄고 디지털 감독자가 늘어납니다. 한국노동연구원 연구 결과 57% 직업군이 자동화로 대체되고 식품가공, 기계, 재료, 화학 분야의 감축이 많아집니다.

[표 6] SINOPEC의 변화

변화	기대효과
생산 운영간 협업	4G 무선 네트워크 구축으로 지능형 검사와 협업 구현
Big data 기반 위험통지	촉매장치의 과거 데이터 분석. 위험경보 오류 1~2시간 전 보고
일일 이익분석	심층 학습 알고리즘으로 생산 최적화 구현. 월별 → 일일 이익 분석
디지털 물류 창고	IoT 기술로 실시간 재고 추적 및 자재의 지능형 배포
장치상태/안정성 관리	Big data로 장치의 실행상태를 평가하고 예측장치 유지관리
에너지 온라인 최적화	보일러, 증기터빈, 열교환기 등 장치 최적화 모델 구축
비상사태 명령 조정	사건 보고, 사건 접수 및 사건 처리가 체계적으로 연결, 신속 대응
환경보호 온라인 관리	화학적 산소요구량, 암모니아, 이산화황 및 VOC 실시간 모니터링

위기관리를 왜 해야 하는가?

위기관리(CP[18])란 화재폭발, 자연재해 등 경영상의 중대재해로부터 업무의 연속성을 보장하고 또한 그 피해를 최소화하기 위한 사전 계획, 준비 및 비상대응 활동으로써 리스크 관리(Risk Management)의 일부입니다.

[표 7] 위기관리 대상의 종류

중대재해, 재난 위기	경영 위기	정치, 경제, 사회 위기
① 중대재해 - 화재,폭발,누출 - 산업재해 - 환경오염 ② 자연재난 - 태풍/해일 - 홍수 - 지진/화산폭발 ③ 전염병	④ 제조물책임(PL) - 하자보증 ⑤ 지적재산권 - 특허분쟁, 저작권 침해 ⑥ 고용 - 노동쟁의 - 임직원 부정, 불법 행위 ⑦ 재무 - 금융사고, 투자 대손(大損) ⑧ 공정거래법 위반 - 내부자 거래, 불공정거래 ⑨ 보안(IT)- 보안시스템 붕괴	⑩ 정치 - 전쟁, 내란 - 무역, 통상 제한 ⑪ 경제 - 경제위기 - 환율, 금리 변동 - 원료, 자재 급등 ⑫ 사회 - 테러, 유괴, 인질 - 기업 협박, 총회꾼 - 언론의 공격, 중상 - 불매운동

리스크 관리(RM)란 기업이 비즈니스 활동을 전개하면서 직면하는 모든 리스크의 파악, 평가, 대응 방안 수립을 포함한 관리활동을 말합니다. 리스크관리경영 시스템은 ISO31000, 위기관리경영 시스템은 ISO22301 또는 ESG를 통해 적용할 수 있습니다.

---

18 CP(Contingency Plan), 위기관리계획

[그림 8] 리스크 관리도

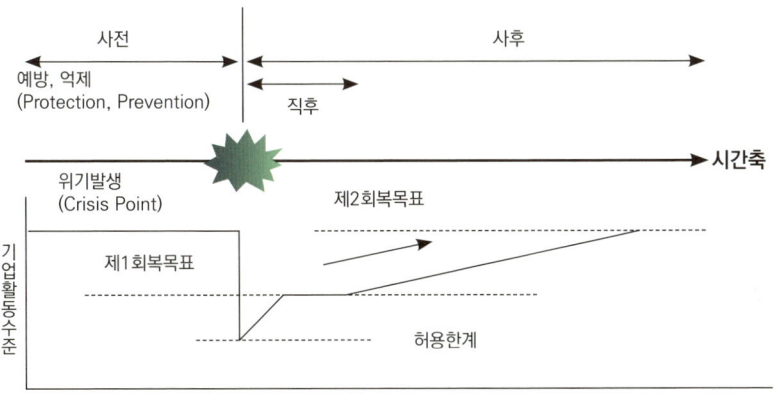

위기관리 대상은 기업마다 다양하며, 상황에 따라 책임 주체와 권한, 대응 방법을 달리 정할 수 있습니다. 소규모 사업장이라도 접하게 될 가능성이 큰 중대재해 및 소방에 대한 리스크관리 절차 정도는 준비해 두어야 막상 위기 상황이 왔을 때 우왕좌왕하지 않고 대응할 수 있을 것입니다. 책임 주체에 대해서는 다음과 같은 업무 분장이 필요하며, 상황 전파 방법에 대해서도 미리 체계를 준비해 두는 것이 필요합니다.

- HSE조직은 안전환경보건분야의 비상 사태 발생 시 HSE 부문의 기술적 지식이나 정보 제공, 영향평가, HSE Check List 수행과 업무 일지 작성
- 기획조직은 홍보 및 언론 대책, 기획 부문 Check List 수행
- HR조직은 피해 직원 파악, 피해자에 대한 보상 대책 마련, 비상 연락망 작성 및 Update, 인사 부문 Check List 수행
- 재무조직은 피해액 산정, 피해 자산 및 인원에 대한 보험 청구, 비상 대응에 필요한 자금 소요 파악, 재무 부문 Check List 수행
- IT조직은 위기관리팀에 필요한 IT장비나 Application제공, 정보시스템 복구, 중요한 데이터 백업 여부, IT 부문 Check List 수행
- 사업조직은 고객의 정보 수집, 고객에 정보 전달, 조업 가능 여부 등 공장 정보 수집, 제품의 긴급 수배, 사업 부문 Check List 수행

실제 리스크가 발생하는 경우 체계적인 절차 또는 업무흐름(workflow)이 준비되어 있으면 위기 대응이 좀 더 유연하게 이뤄질 것입니다. 위기 상황에 맞게 보고방법, 보고주체, 위기관리팀 구성, 대응계획서 양식과 처리 또는 보고 방식을 준비하는 것이 필요합니다. 중요한 위기 상황에 대해서는 예상되는 시나리오 구성과 준비태세를 점검하는 것도 필요할 수 있습니다.

[그림 9] 리스크 관리 업무흐름도(workflow)

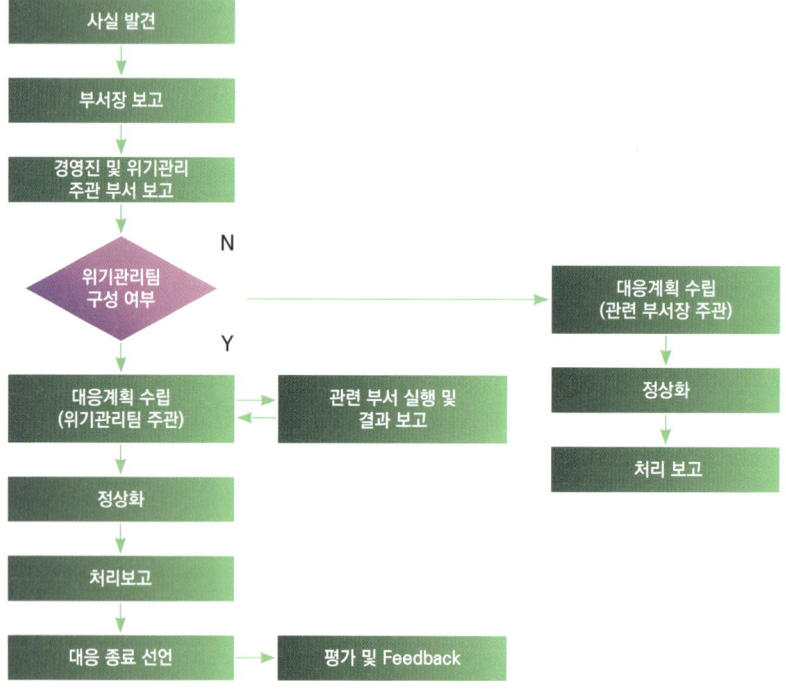

경영시스템에 대해 알아보기

경영시스템의 본질은 고객 요구를 바탕으로 각종 프로세스를 운영하여 고객 만족 또는 고객 가치를 창출하는 체계입니다. 프로세스는 자원을 투입(input)하여 성과(output)를 만들어 내는 과정으로 적어도 8요소만큼은 모든 기업이 갖추어야 할 기본 사항이며, 기업 규모에 따라 점차 세분화할 필요가 있습니다.

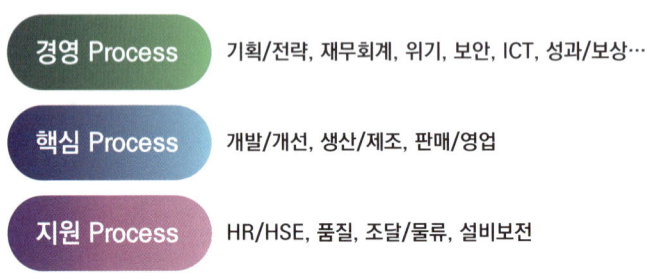

핵심 프로세스로는 개발/생산/영업 프로세스가 있고, 지원 프로세스로는 HR/품질/조달/설비보전 프로세스가 있습니다. 경영 프로세스는 모든 프로세스의 중심으로 기획, 재무회계, 위기관리, 보안관리, 목표관리, ESG와 지속 가능 경영 체계 구축 등 경영진을 중심으로 이뤄지는 모든 의사결정 과정이 포함되는 기업 운영의 뼈대입니다. 핵심 프로세스는 실제 부가가치를 창출하는 활동으로 개발, 생산, 영업 등 기업활동의 몸체가 됩니다.

프로세스를 체계적으로 운영하지 않더라도 기업 운영은 가능하지만 조직이 늘어날수록 매뉴얼, 표준 등 프로세스를 중심으로 운영해야 권한위임과 책임주체 등이 명확해지면서 효율적인 운영이 가능합니다. 회사 규모가 커지고 지켜야 할 의무가 늘어날수록 제대로 된 시스템이 필요합니다. 가장 중심이 되는 것은 생산과 품질 프로세스일 것입니다. 또한, 사회가 점차 발전하면서 향후에는 성공적인 기업 경영을 위해 지속 가능한 경제 성장뿐 아니라 환경보존 및 사회적 책임이 강화되고 있습니다.

ISO(국제표준화기구)에서는 각종 경영 시스템의 요구사항을 반영하여 많은 인증 체계를 갖추고 있으며, 제3자의 공인 인증 기관은 고객의 요구에 따라 해당 경영 시스템 인증을 진행하고 있습니다. ISO 이후의 숫자는 표준의 식별자이며 ISO9001이 가장 잘 알려진 ISO 표준입니다.

ISO 인증을 위해서는 매뉴얼과 각 프로세스를 기반으로 절차가 마련되고 그 절차를 보완하는 표준/규격/기준 등 지침이 준비되어야 합니다. 이 지침은 **현장 상황과 일치하고 작업자 모두가 지킬 수 있는 것이 중요**합니다. 그래야 제대로 된 경영 시스템으로 정착할 것입니다. 매뉴얼, 프로세스, 절차, 지침 등의 연계가 잘 되어 있고 적용 범위, 목적, 점검 사항, 주의사항, 작업순서, 안전 보건사항이 포함되는 것이 필요합니다. 현장에서 실제 적용되는 경영 시스템이어야만 성과로 연결될 수 있습니다. 그렇지 않다면 인증을 위한 형식적인 문서가 될 수밖에 없습니다.

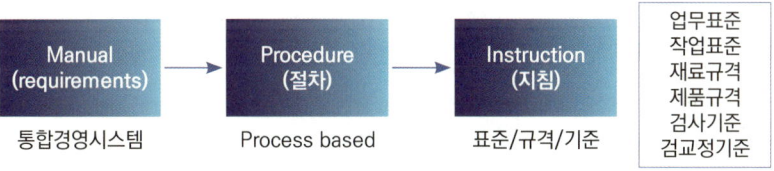

ISO 인증을 최초로 받기 위해서는 외부전문가의 자문이 필요하고, 보통 Bench Marking을 통해 잘되고 있는 회사의 것을 토대로 매뉴얼이나 지침을 만드는데 상식과 원칙에 기반하여 좋은 내용만 가득하거나 이상적인 사항들로 구성되는 경우가 있습니다. 현실 따로 규정 따로인 상황에서 일을 위한 일만 늘어나고 목표나 성과 연계성이 떨어집니다.

ISO 표준/규격/기준은 최소한의 비용으로 최대한의 효과를 얻는 것이 중요하며, 경영철학이나 고객 요구사항, 법규에서 반드시 요구하는 수준으로 관리하는 것이 필요합니다. 인증을 위한 규격이 아니라 실제 수행되고 요구되고 필요한 사항으로 갖추는 것이 중요합니다. 그러기 위해서는 작업자들의 충분한 동의나 합의가 이뤄져야 함은 물론이고 작업자들이 모두 인지하고 있어야 합니다. 중요 절차나 지침은 현장에 상시 비치하고 수시로 교육도 실시해야 합니다.

표준/규격/기준은 지킬 수 있거나 꼭 지켜야 하는 규정을 만들고, 만들어진 규정은 현장에서 반드시 실천이 이뤄져야 하는 것이 핵심입니다. PDCA rule에 따라 지속적인 개선이 이뤄져야 하므로 주기적으로 검토하여 필요하지 않은 사문화 조항은 과감히 제거할 필요가 있습니다.

[그림 10] 기업목표와 ISO 관계

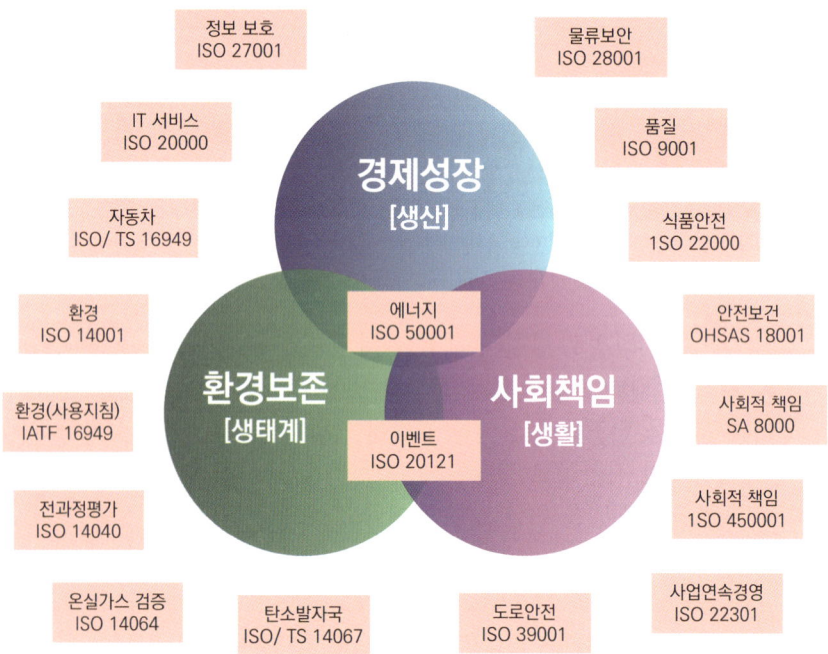

[표 8] ISO 경영시스템의 종류

인증번호	경영시스템 명칭	약어/비고
ISO 9001	품질경영시스템, 2015	QMS
ISO 14001	환경경영시스템, 2015	EMS
ISO 45001	안전보건경영시스템, 2018	OH&SMS, KOSHA-MS
ISO 22000	식품안전경영시스템	HACCP, FSMS
ISO 22301	사업연속경영시스템	ESG
ISO 26001	사회적책임경영시스템	CSR
ISO 27001	정보보안경영시스템	ESG 정보보호
ISO 31000	리스크경영시스템	RMS
ISO 50001	에너지경영시스템, 2011	EMS, ESG 탄소배출
ISO 13485	의료기기품질경영시스템	Medical devices
ISO 14040	전과정평가경영시스템	Life Cycle Assessment
ISO 14064	온실가스검증경영시스템	GHG
ISO 20000	정보기술서비스경영시스템	ITSMS
ISO 28001	공급사슬보안경영시스템	SMS_SCM
ISO 37001	부패방지경영시스템, 2016	ESG 윤리경영
ISO 37301	규범준수경영시스템	CMS, ESG 준법경영
ISO 39001	도로안전경영시스템	RTS
IATF 16949	자동차산업품질경영시스템	ESG 리더십

ISO 인증이 이뤄지면 해마다 사후 심사, 3년마다 연장 심사를 받게 됩니다. 이때 심사원이 부적합 사항이 아닌 권고 사항을 많이 주문하면서 인증이 안 될 수도 있다는 의견을 내기도 합니다. 특정 기관에서만 계속 인증을 받다 보면 마치 심사원의 의견이 의무로 받아들여지기도 합니다.

인증기관에서는 일부 미흡한 사항이 있더라도 인증 자체를 철회하기는 어려우니 합리적 수준에서 조율하거나 여의치 않다면 인증기관을 변경하는 것도 필요합니다. 수많은 인증기관 중에서 선택하는 것도 권리입니다. 인증 요구자는 인증서를 원하지 인증기관을 원하는 것이 아니기 때문입니다.

Dupont, Dow, Basell, BASF 등 Global 기업은 각종 경영 요소를 망라한 생산 시설 중심의 종합경영시스템인 OEMS를 운영하고 있습니다. OEMS[1]는 기본적으로 ISO 경영시스템이 요구하는 사항을 담으면서 아래와 같은 7가지 개념이 필수적으로 반영되어 있습니다.

    1) **Leadership**, 경영자의 책무
    2) **Change control**, 변경관리/변화관리
    3) **Knowledge sharing**, 지식공유, 문서화된 정보
    4) **Risk control**, 리스크 관리/비상 대응
    5) **Risk identification**, 리스크 특정
    6) **Employee accountability**, 구성원의 책무와 역할
    7) **Continuous improvement**, 지속적인 개선

---

1 OEMS(Operational Excellence Management System), 통합경영시스템

ISO MSS(경영시스템 표준) 알아보기

ISO[2]는 스위스 제네바에 본부를 둔 국제 표준화 기구로 국제적으로 통일된 표준을 제정함으로써 상품과 서비스의 교역을 촉진하고 과학·기술·경제 전반의 국제 협력 증진을 목적으로 설립된 단체입니다. 1926년에 각국의 주요 표준화 단체에 의해 결성된 ISA의 업무를 계승하여 '47년에 설립되었습니다. 비조약 기구로 정부의 연합체는 아니지만, 각국을 대표하는 1개의 표준화 기관만이 의결권을 갖는 회원이고 회원의 70% 이상이 정부 기관 또는 법률에 의해 설치된 표준화 기관입니다. ISO는 창설 이래 광범위한 분야의 국제 표준을 제정, 공표했습니다.

ISO 자체는 실제로 어떤 것도 인증하지 않습니다. 인증은 모두 제3자인 ISO 인증기관이 합니다. 1987년 세계 최초의 경영시스템 표준(MSS[3])인 ISO9001 품질경영 시스템이 도입되었으며, ISO9001은 ISO의 모든 MSS 중 가장 널리 사용될 뿐만 아니라 세계 각지의 산업, 서비스, 비즈니스 조직의 경영 방식, 효율성과 능률을 높여 온 60여 가지 ISO 경영표준이 등장하게 된 계기가 되었습니다. 세계 170개 국 이상에서 150만 건 이상의 ISO MSS가 발행되고 있으며, 수백만 기관들이 경영을 개선하고 규제요건을 충족시키며 경영 시스템을 향상시키기 위해 ISO MSS를 신청하고 있습니다. ISO MSS를 도입한 이후 기업들은 품질 향상, 직접 경비 절감, 변동비 절감, 원재료비 절감 등의 효과를 보고 있습니다.

ISO9001은 1987년 도입 이후 1994년, 2000년, 2008년, 2015년에 크게 개정되었습니다. 2015년에 이루어진 개정은 각 시스템의 요구사항을 동일한 구조인 HLS[4]로 바꾸었습니다. ISO가 개발한 HLS는 미

---

2 ISO(International Standard Organization), 국제표준화기구
3 MSS(Management System Standard), 경영 시스템 표준
4 HLS(High Level Structure), 상위 수준 구조

래의 모든 ISO MSS에 적용할 수 있는 공통된 구조, 문안, 용어를 제공합니다. 이제 ISO의 모든 표준은 질서를 갖게 되었고 여러 표준을 하나의 조직에 있는 하나의 경영시스템으로 통합할 수 있게 되었습니다. 내부 및 외부 사업환경에 대한 이해의 중요성 강조, 조직의 전략적 방향과 리스크 기반 사고의 연계와 방향성 관리가 HLS 기반 MSS의 요체입니다.

  HLS 수립 배경은 여러 경영시스템의 통합 필요성에서 비롯되었으며, 그동안 각 시스템의 요구사항에서 공통사항이 많은데도 용어나 조항이 제각각으로 통합에 어려움이 있었습니다. ISO에서 제정한 많은 경영 시스템들의 요구사항이 다양한 모델과 방법론이 제시된 각각 다른 요구조항 구조로 되었으며 동일한 용어가 서로 다르게 정의되고 다소 상이하게 사용되고 있었습니다. 그 결과 시스템 통합을 하고자 할 때 불편과 혼란이 생기게 된 것은 당연한 결과라 할 수 있습니다. ISO MSS는 HLS 체계에 따라 제정되었으며, 매뉴얼, 절차서, 표준/기준/규격을 수립하고 현장 작업자가 실행할 수 있는 시스템으로 운영하는 것이 중요합니다.

[그림 11] ISO·HLS 체계도

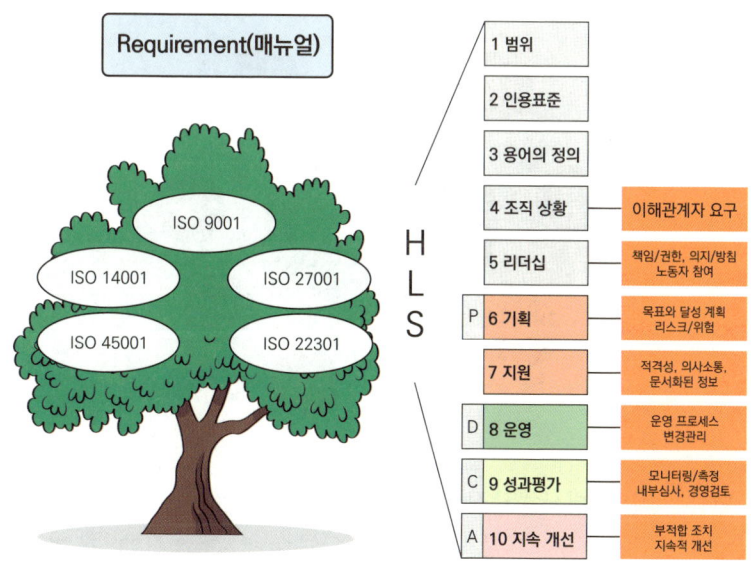

　가장 보편화되어 있고 접하기 쉬운 두 경영 시스템, 품질 경영 시스템(ISO 9001:2015)과 환경경영 시스템(ISO 14001:2015)의 요구사항과 조항 번호의 구성과 내용이 2015년부터 HLS 개념으로 통일되었습니다. 이러한 두 경영 시스템의 통합으로 그 이전과 이후에 제·개정된 많은 경영 시스템에서 이미 적용되었거나 적용될 예정입니다. 모든 경영 시스템이 통합되어 운영될 경우 이를 OEMS라고 부를 수 있습니다.

　HLS 개념 도입으로 공통된 용어 정의가 통일되고, 공통 적용되는 요구사항의 조항번호와 내용이 통일되어 여러 경영 시스템의 통합이 쉬워졌다는 것입니다. 그 외에 이들 경영 시스템에 새로이 도입된 '조직과 조직 상황 이해'에서 조직의 내외부 이슈 파악, '이해관계자의 니즈와 기대 이해'에서 이해관계자의 니즈 및 기대와 관리, '리스크와 기회를 다루는 조치'에서의 리스크 및 기회 도출과 관리 등이 공통으로 이루어져 조직의 특성에 맞게 한 번 파악되고 계획되면 차후에 도입되는 경영 시스템은 쉽게 적용될 수 있습니다.

[그림12] 이해관계자의 니즈 파악

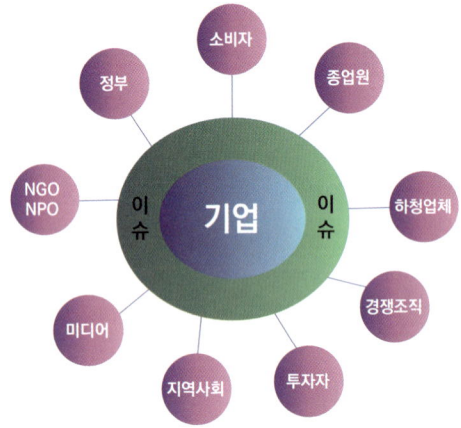

또한, ISO는 리더십을 중심으로 계획(plan) → 실행(do) → 검토(성과평가, check) → 조치(지속적 개선, act)하는 PDCA[5] rule을 핵심 기반으로 하고 있습니다. 이러한 선순환 구조가 반복되면 경영성과는 확실히 개선될 것입니다.

[그림 13] PDCA rule

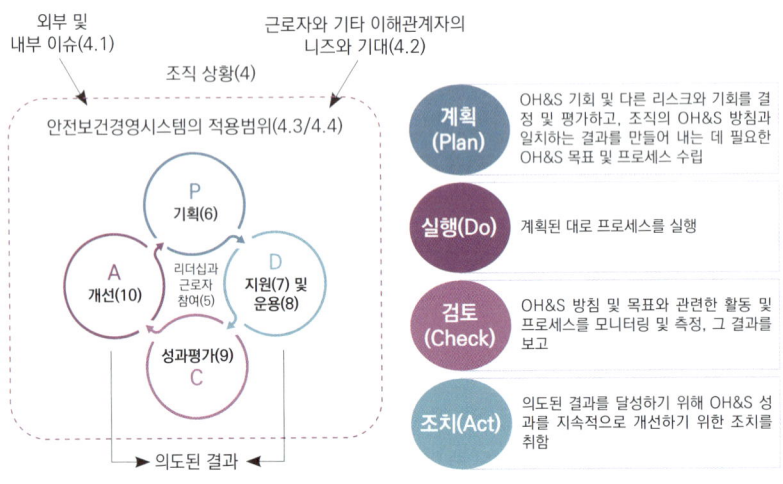

---

5 PDCA: 계획을 세우고, 실행하고, 평가하고, 지속적으로 개선하라!

ISO 인증을 위해 KSA(한국표준협회)를 많이 활용하지만 중소기업인증센터, 한국능률협회, 한국생산성본부, SGS 코리아, 로이드인증원, 코렉스인증그룹 등 수많은 공공기관 또는 민간 기업들이 인증 업무를 수행하고 있습니다. 공인인증기관에서 발급된 인증서라면 전 세계 어디나 통용되기 때문에 인증 절차가 까다로운 공공 기관보다 민간 기업에서 하는 것이 덜 번거롭습니다.

ISO 인증을 처음 받을 경우 실무자는 매뉴얼 작성부터 절차 수립 등을 전부 새로 마련해야 하므로 상당한 어려움이 따릅니다. 시간 절약과 내용의 충실성 등을 도와주는 컨설팅을 활용할 수 있습니다. 인증을 받기 위해 필요한 매뉴얼과 절차 등 체계를 수립하는 것이 컨설팅의 주 내용입니다. 받고자 하는 인증 내용과 절차 구성 등 심사 내용 규모에 따라 수백만 원에서 수천만 원에 이르며, 수백만원에 달하는 인증심사 비용은 별개이므로 중소기업에서 ISO9001을 획득하려면 상당한 비용이 소요됩니다.

품질경영시스템(QMS), ISO9001 알아보기

품질 경쟁력 확보는 기업의 존립을 좌우하는 것으로 일정 규모 이상의 기업에서는 모두 품질인증시스템을 요구하고 있습니다. ISO에서 품질의 의미는 "고객의 묵시적, 명시적 요구를 만족시켜 주는 능력을 지닌 특성의 전체"라고 정의합니다. 품질의 범위에는 제품에 대한 고장, 감성, 디자인, 성능뿐만 아니라 판매사후관리까지 포함됩니다. 품질 기준은 고객이어야 하며, 이를 정의하는 용어가 고객 관점 품질 기준인 CTQ(Customer to Quality)입니다.

품질관리의 목적은 최소 비용으로 고객을 만족시켜 최대의 이익을 실현하는 것으로 고품질(High quality)보다 품질재현성(Quality stability)이 더 중요한 요소입니다. 품질관리를 위한 업무 분야는 다음과 같습니다.

1) 원부재료 수입검사
2) 품질기준: Policy, Guide, Standard, CTQ(Critical to quality)
3) 품질보증: Quality Control
4) 불량률 감소: 발생 원인 분석, Fool proof
5) 고객 불만/클레임 관리: B/S(Before service), T/S(Technical service)
6) 품질 개선: 원단위 개선, recipe 관리 및 변경 관리

품질관리를 위한 ISO9001 인증은 1987년 도입 이후 '94년, '00년, '08년, '15년에 크게 개정되었으며 2015년에는 HLS 개념이 도입되었습니다. ISO9001은 전세계적으로 가장 널리 사용되는 품질관리규격으로 일반 품질 경영 시스템의 기준을 정의하고 있습니다. 기본적으로, ISO9001은 조직이 고객의 요구를 보다 효율적으로 충족하도록 돕기 위해 고안되었으며, 170여 개국에 걸쳐 최소 100만 개의 기업과 단체가 ISO 9001 인증을 받았습니다.

ISO9001은 '조직'만이 인증을 받을 수 있습니다. 단, 개인은 조직에

대한 심사를 수행하기 위해 인증된 선임 심사원(auditor)이 될 수 있습니다. 인증은 일반적으로 전체 조직을 대상으로 하며, 특정 시설 또는 부서에 초점을 맞춰 해당 분야의 성과를 개선합니다. ISO9001인증은 세계 품질보증 시스템에 따른 제품 생산 과정 및 서비스에 걸친 전과정 평가 인증제도이므로 글로벌 시장에서도 적용됩니다.

- **ISO9001은 품질경영시스템(QMS)의 국제표준**이다.
- 개인은 ISO9001 인증을 받을 수 없으며, 조직이나 기업이 인증받는다.
- 조직의 규모는 중요하지 않다. 한 명일 수 있고 10만 명일 수도 있다.
- ISO9001은 품질 관리 표준으로, 어떤 산업인지는 중요하지 않다.
- ISO9001은 제품 중심이 아닌 공정 중심 표준이다. 제품 품질을 정의하지는 않았다.
- ISO9001 인증을 받은 조직은 ISO 9001 표준에 상세히 기술된 모든 요건에 따라 품질경영시스템을 성공적으로 구현하였다.

원부자재는 입고 시에 검사기준(순도/물성/외관 등)과 합격기준, 위해평가를 명확하게, 철저히 준수할 필요가 있습니다. 중요 원부자재는 제품에 미치는 영향이 크므로 입고시에는 시험성적서를 수취하고 sample 채취 방법이나 검사 횟수 등을 명문화합니다. 품질검사는 CTQ가 중요하며, 원부자재 claim 기준이 있어야 합니다. 판매자는 시험 성적 기준이겠지만 구매자 측의 특수한 요구조건이 있다면 문서를 통해 명확히 해야 claim 처리 시 해결이 쉬워집니다. 또한 모든 기준과 규칙은 제3자가 봐도 이해가 돼야 하고 현장 작업자도 이를 지켜야 합니다. 만들어진 기준은 명확하고 관련된 모든 이들이 알고 있어야 하며 반드시 지켜져야 품질 관리가 가능합니다.

품질 불량을 해결하려는 노력은 하고 있으나 원인 분석과 해결 능력이 부족하고, 설비의 운전 조건과 품질과의 상관관계에 대한 지속적 데이터 수집

능력 부족 및 작업 환경에 따른 미세 관리 활동 부족 등 QC[6]에 대해 전문적인 도구의 학습이 필요합니다. 현장에서 발생하는 트러블 및 품질에 대한 기초자료 수집 및 정리, 분석하는 QC 7가지 도구는 다음과 같습니다.

[표 9] QC, 7가지 도구

no	도구	장단점	비고
1	Graph	쉽고 효과가 빠름. 경향 파악	막대/꺾은선/원/띠/점/삼각/그림
2	Pareto	중점항목 결정. 2~3항목에 집중	분류항목이 중요
3	Check sheet	누락, 착오 방지, 간단명료	기록용, 점검용
4	특성요인도	결과(특성)와 원인(요인) 분석	Fish-bone(어골도). 경험에 의존
5	히스토그램	분포(평균/산포 등)의 형태 파악	길이/시간/무게/경도 등
6	산점도	상관분석(2개 연속 변수간 관계)	X, Y축 교차 점으로 표시
7	층별	범주별로 층별화	

그래프(graph)법은 데이터를 도형으로 나타내어 수량의 크기를 비교하거나 변하는 상태를 알기 쉽도록 그림으로 만드는 것으로 가장 많이 활용하는 방법입니다. 종류에는 막대그래프, 꺾은선 그래프, 원그래프, 띠그래프 등이 있습니다. 특히 꺾은선 그래프에서 관리 상·하한선을 기입하여 관리하는 것을 관리도라고 합니다.

파레토(pareto) 그림은 이태리 경제학자 파레토가 소득 분포의 불균형을 나타내기 위해 사용한 곡선그림으로 데이터를 항목별로 분류하여 크기 순대로 나열한 그림입니다. 불량품이나 결점, 클레임 등 품질뿐만 아니라 안전, 코스트 등의 원인이 대부분 2~3가지 항목에 기인하는 경우가 많기 때문에 대표적인 원인을 해결하면 대부분 해소된다는 점에서 유용하게 활용됩니다. 일반적으로 문제의 점유율이 높은 항목을 개선하는 데 활용합니다.

---

6 QC: Quality Control, 품질관리

체크시트(Check sheet)는 데이터가 분류 항목별로 어디에 집중되어 있는지 주기를 두고 체크하여 쉽게 알아볼 수 있도록 나타낸 도구로 가장 흔하게 사용됩니다. 수집된 자료는 히스토그램, 파레토 그림, 관리도 등의 작성에 활용됩니다.

특성요인도는 원인과 결과를 한눈에 볼 수 있는 그림입니다. 일명 어골도, 생선뼈(fish borne) 도표라고 하며 원인에 대한 결과를 넣고 중심선을 만들어 4M(사람, 방법, 재료, 환경) 분석을 통해 원인 파악을 시작합니다. 특성요인도는 문제점을 정리하거나 개선할 때 관련된 사람들의 상이한 의견을 한 장의 그림에 나타낼 수가 있습니다. 다음은 특성요인도 만드는 과정입니다.

    1) 문제라 생각하는 특성을 정한다.
    2) 우측에 특성을 적고 좌에서 우로 굵은 화살표를 긋는다.
    3) 큰 가지에 해당하는 4M 요인을 적는다.
    4) 중간가지, 작은가지 요인을 적는다.
    5) 누락된 요인은 없는지 확인한다.
    6) 영향이 크다고 생각되는 요인에 별도 표시를 한다.
    7) 필요한 사항을 기입한다.

히스토그램(histogram)은 길이, 시간, 무게 등을 측정한 데이터가 존재하는 범위 몇 가지 항목의 구간으로 나누어 구간에 발생한 도수(횟수)를 세어 도수표를 만들어 이를 도형화한 것을 말합니다. 데이터의 분포를 보는 것으로 일반적으로 공정이 안정된 경우에는 종 모양이 되나 그렇지 않은 경우 산포에 따라 이상 여부를 확인할 수 있습니다.

산점도는 2개의 연속된 변수 간의 관계를 알기 위해 X, Y축에 타점을 작성하여 연관관계를 나타내는 도구입니다. 한 변수가 커질 때 다른 변수가 커지거나 작아지는 경우에는 각각 양 또는 음의 상관관계가 있다고 말합니다.

층별 분석은 전체 데이터에서 막연하였던 점들을 범주별로 층별화하여 구체적이고 정확한 정보를 획득하는 도구입니다. 몇 개의 층으로 구분된 부분 집단에서 산포의 원인규명이 가능하도록 하는 것입니다. 숙련도, 공정, 원재료, 검사방법 등 다양한 계층을 분화할 수 있습니다.

[그림 14] QC 7가지 도구 활용

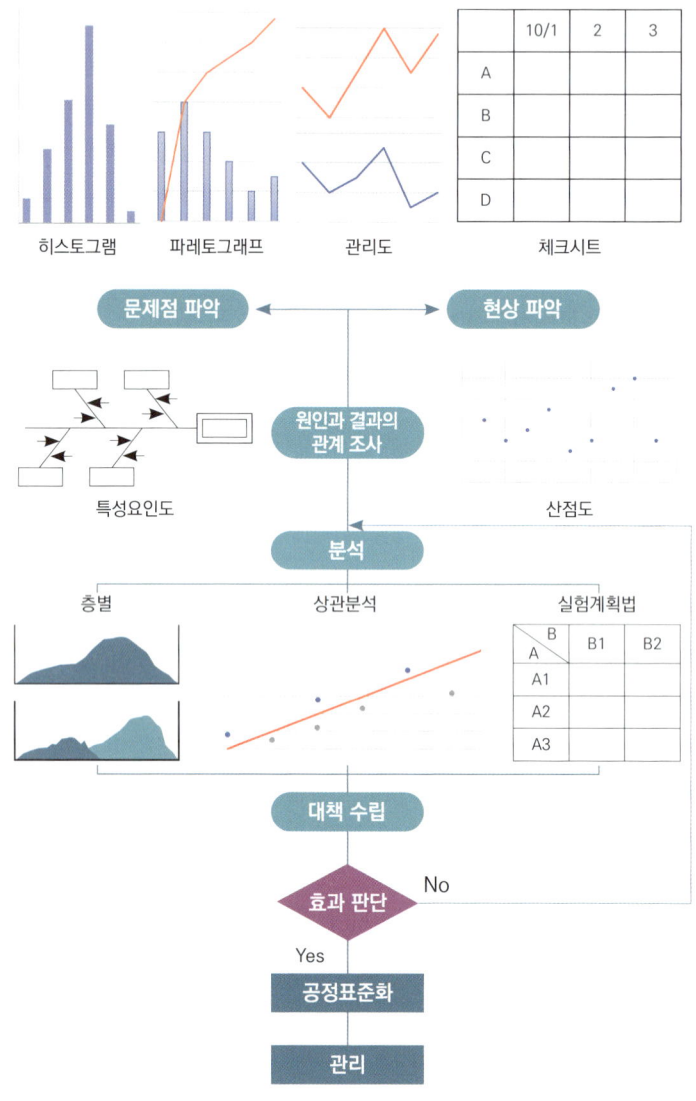

하자 제품이 고객에게 전달되지 않도록 하는 것이 품질 관리다

불량 제품이 후공정으로 넘어가고 고객에게까지 전달된다는 것은 품질 관리가 제대로 이뤄지지 않기 때문입니다. 그로 인한 고객 불만과 클레임은 장기적으로 기업 이미지를 훼손하고 경쟁력을 잃게 만듭니다. 또한, 불량 제품을 정상 제품으로 처리하고 장기간에 걸쳐 불용제품 손실 처리하는 관행이 유지되는 한 기업 경쟁력은 떨어지게 마련입니다.

중량(kg)	재고금액(원)	손실액(원)	기평가감(원)	실손실액(원)

품질 문제의 약 80%는 관리의 문제에서 발생합니다. 따라서 ISO9001 등 경영 시스템을 도입하고 표준화하며 프로세스 단위로 업무를 수행토록 하는 것이 중요합니다. 다음 4가지 요소가 현장에서 제대로 적용되고 잘 이행될 때 품질 관리는 효율적으로 이뤄진다고 볼 수 있습니다.

① 정품(on-spec) 기준차 발생: 경험으로 기준 설정
② 잘못된 표준 설정: 정보 단절/누락/독점
③ 기준을 무시하는 관리: 부서/개인 이기주의
④ 불량품이 후공정으로 이관: 재발되는 개선방법

원부재료 수입검사는 꼭 필요한 범위에서 효율적으로 이뤄져야 합니다. 시험성적서를 토대로 제품 영향력이 큰 요소들은 입고시 샘플링 검사를 하거나 주기적으로 분석을 의뢰하여 지속적으로 관리해야 합니다. 하지만 과도한 수입검사를 위해 많은 비용을 지불하는 것도 비효율적이므로 인력과 효용성을 따져 최적의 관리를 지속하는 것이 중요합니다.

품질 기준은 생산이나 판매, 마케팅 부문과 맞물려 고객기준의 품질 기

준, CTQ(Critical or customer to quality)을 지속적으로 실천해야 합니다. 시대나 상황에 따라 고객의 요구수준이 달라지거나 높아지면 그에 따라 품질 기준도 변화해야 합니다. 경우에 따라서는 고객사별로 다른 품질 기준을 가져갈 수도 있습니다. 품질 기준은 생산팀이나 감시자, 판매자 모두에게 일치된 기준이고 그것이 제대로 작동되지 않을 때 불용재고가 발생하거나 클레임으로 연결될 수 있습니다.

반제품이나 제품에 대한 재고 정책은 M/M[7]관리를 비롯하여 장기재고가 되지 않도록 철저히 관리되어야 합니다. 기간별 기준관리를 하지 않으면 악성재고를 양산하게 됩니다. 재고진부화가 이뤄지면 손실을 미리 반영하는 회계기준도 준비되어 있어야 합니다. 기준기간이 지나면 기간에 따라 감가상각 비율도 달리 적용하는 것도 가능합니다.

불량관리를 위해서는 불량 발생원인별 파악이 중요한데 영업 요소, 생산 요소, 품질 요소, 기타 요소 등으로 나눌 수 있습니다. 품질요소에 따른 불량 발생원인은 품질관리 기준 불투명, 기준 미준수, 재료 오투입, 이물 유입, 변색/변질 등 다양한 요소가 존재하므로 철저한 원인 분석과 관리를 통해 지속적으로 유지해 나가야 합니다.

변경 관리를 위해서는 원인과 대책 등이 시계열로 파악되고 관리되어야 합니다. 어떤 문제로 인해 언제, 왜 이렇게 변경되었는지 관리가 되지 않으면 담당자 변경에 따라 도돌이표처럼 품질 문제가 반복될 수 있습니다. 변경 관리 담당자는 중요 기술 인력이 관리하며 회사내 주요 자산으로 관리되는 것이 필요합니다.

---

7 M/M(Maximum/Minimum)

환경경영시스템(EMS), ISO14001 알아보기

ISO14001은 1996년 최초 제정되었으며, 2004년 1차 개정, 2015년 2차 개정되면서 ISO9001과 같은 상위수준구조(HLS)를 갖추게 되었습니다. ISO9001이 품질 혁신을 추구한다면, ISO14001은 환경친화적 기업을 목표로 하는 환경경영시스템(EMS) 인증입니다. 에너지 소비를 줄이고 에너지 절감정책을 추진하며, 친환경 사업에 관심을 갖게 됩니다. ISO14001 규격의 요건에 근거하여, 환경 경영을 기업 경영의 방침으로 삼고, 구체적인 목표와 세부 목표를 정한 뒤 이를 달성하기 위하여 조직, 절차 등을 규정하고 인적, 물적 자원을 효율적으로 배분하여 조직적으로 관리하는 체제를 갖추고 지속적인 환경개선을 목표로 하는 시스템 인증입니다.

ISO14001은 국제 환경규제와는 달리 기업 활동의 전반에 걸친 환경경영 체제를 평가하여 인증을 부여하는 것으로써 기업이 단순히 해당 환경 법규 또는 규제 기준을 준수하고 있는가를 넘어서 기업이 얼마나 환경 방침, 추진 계획, 실행 및 운영, 점검 및 시정 조치, 경영자 검토, 지속적 개선 등의 포괄적 환경경영을 실시하고 있는가를 평가하는 것입니다. 무역과 연계된 국제환경협약과 ISO 환경인증제도가 상호 연결되면서 점차 ISO 14001 국제환경경영 시스템의 인증을 요구하는 사례가 증가하고 있습니다.

환경경영의 중요성은 BCP(business continuity plan) 및 지속경영 보고(ESG)에도 나타납니다. ESG는 환경보호(Environment), 사회공헌(Society), 윤리경영(Governance)을 실천함으로써 지속가능한 영속기업이 된다는 것입니다. 유럽이나 미국에서는 ESG 경영이 기업평가의 중요 기준으로 확산되고 있는 추세입니다. ESG 경영에서 환경부문에 요구되는 사항은 다음과 같으며, 친환경 및 신재생 에너지 부문이 점차 강조되고 있습니다.

- 환경경영 전략 및 목표, 투자 계획
- 자원 사용 현황: 에너지사용량(TOE), 용수사용량/재활용량(t), 온실가스 배출량(tCO2), 폐기물배출량/재활용량(t), 대기배출량 및 환경 데이터 모니터링 시스템
- 친환경 관리, 절감, 개선, 교육 실적
- 유해 화학물질 배출 및 관리 시스템
- 환경 관련 인증 및 수상 내역
- 기후변화 대응 활동, 탄소배출권 현황
- 산업재해 현황(정보공개) 및 예방

일반 제조업에서 제품을 생산·가공하는 작업 중 대기로는 먼지 등 오염 물질이, 수질로는 폐수가 발생하게 됩니다. 이를 방지하기 위한 시설이 설치된 경우 정상적인 운영·관리를 위하여 환경기술인을 선임해야 합니다. 즉, 배출 시설과 방지 시설에 종사하는 자가 법에 따른 명령을 위반하지 아니하도록 지도·감독하고, 사업장에 상근하는 등 환경부령으로 정하는 준수사항을 지켜야 합니다. 환경기술인은 환경기사 자격증을 보유하거나 전문관리자 과정, 일반관리자 과정 등을 거쳐 대기, 수질, 소음.진동 분야 교육을 이수해야 하고 3년마다 보수교육을 받아야 합니다. 사업장 폐기물 배출자의 경우 법 위반 대비 배출자 교육을 미리 받는 것이 좋습니다.

환경업무에는 일반적으로 ①대기 ②수질 ③토양 ④소음진동 ⑤기후변화 ⑥폐기물 ⑦화학 물질 관리 등이 있습니다. ESG 경영으로 환경 업무는 점차 오염 방지, 에너지 효율화, 생태 환경 복원 등 친환경이 이슈로 떠오르고 있습니다.

[표 10] 환경기술인 업무

구분	업무 내용	자격/교육/인증
대기	대기 자가 측정 실시 대기배출시설 인허가 대기 환경책임보험 가입 대기방지시설 운영기록부 작성	대기 환경기술인 선임 대기 환경기술인 교육 이수 ISO14001 인증
수질	폐수배출시설 인허가 저수조 청소, 수질검사 수질 환경책임보험 가입 폐수방지시설 운영기록부 작성	대기 환경기술인 선임 대기 환경기술인 교육 이수 ISO14001 인증
폐기물	폐기물 처분 부담금 납부 사업자 폐기물 배출자 신고 폐기물 처리계획 확인증명서 폐기물 전자인계인수 시스템 등록	폐기물 배출자교육 이수
화학물질	장외영향평가 위해관리계획서 유해위험방지계획서 화학물질 배출량 조사 유해화학물질 영업허가 유해화학물질 취급시설 검사	유해화학물질 안전교육 유해화학물질관리자 선임 유해화학물질 종사자 교육

대기·수질 업무는 배출 시설 및 방지 시설에 대한 종별 인허가와 검교정 등 유지관리 업무가 주를 이루고 법정 의무사항인 배출일지 작성을 합니다. 대기오염물질 방지시설, 폐수처리장 등 주요 환경시설의 예방 시스템을 구축하여 오염 사고를 예방합니다. 대기·수질 배출시설을 설치한 사업자는 환경기술인 법정교육을 이수해야 합니다. 환경기술인 법정교육은 배출시설 및 방지시설을 관리하고 있는 담당자에게 올바른 환경의식 함양과 환경업무 전반을 관리할 수 있는 능력을 습득케 하고, 현장 실무에 관한 전문 지식을 향상시켜 환경 보전에 동참할 수 있도록 합니다.

토양 업무에는 토양 오염원 관리 및 오염 발생 시 토양조사 등이 있고 소음진동 관리에는 작업환경 측정 시 기준치 초과 여부를 확인하고 초과 시 방지대책을 수립합니다.

기후변화 대응 업무에는 에너지 절감 또는 전환 대책과 탄소배출권 관리 업무 등이 있습니다. 에너지 사용 규모가 일정 수준을 넘으면 5년마다 에너지 진단을 하고 감소대책을 수립할 뿐만 아니라 실행을 해야 합니다. 탄소제로 정책에 따라 저에너지 설비나 신재생 에너지 설비 전환을 검토하고 탄소배출량이 많을 경우 에너지 사용량을 등록관리하고 배출 축소 대책을 실행해야 합니다.

폐기물 관리는 종류별 구분을 하여 분리배출토록 하는 것이며, 재활용 가능한 것은 매각처를 찾아 판매하도록 합니다. 배출량이 일정량에 도달해야 매각이 가능할 수도 있으므로 정기적인 배출이 이뤄질 수 있도록 관리하는 것이 필요합니다. 폐기물은 무엇보다 발생과 배출을 적게 하는 것이 가장 효율적입니다. 폐기물 배출자는 '환경보존원'에서 주관하는 환경기술인 법정교육을 이수해야 합니다.

화학물질 관리는 화학물질의 등록 및 평가에 관한 법률(화평법)과 화학물질관리법(화관법)에 따른 유해 화학물질 관리가 주를 이룹니다. 화평법은 2015년부터 시행되었으며, 모든 신규 화학물질과 연간 1t 이상 제조·수입·판매되는 기존 화학물질을 의무적으로 등록하여 화학물질의 용도 및 제조·수입·판매량 등에 대해 보고하고 유해성, 위해성을 심사·평가받아야 합니다. 화학물질관리법은 사업장 내 화학물질이 사업장 밖에서 미치는 영향을 평가하고 유해 물질 관리인력을 보충해 화학물질의 시설관리를 강화하는 제도입니다. 화학물질의 취급 과정에서 유출 사고 발생 시, 해당 사업장 매출액의 최대 5%를 과징금으로 부과할 수 있습니다.

화학물질 관리를 위해 신규 및 변경 화학물질에 대한 배치 전 점검, 고용노동부 제출 등 사전조치를 하고, 신규 구매 화학물질에 대해서는 구매 시 MSDS 자료를 확보해야 합니다. MSDS 작성 대상 물질을 취급하는 부서에서는 아래의 하나 이상의 장소에 MSDS 자료를 게시 및 비치하고 수시 및 정기 점검해야 합니다.

1) 화학물질 취급 작업 공정 내
2) 안전사고 또는 직업병 발생 우려가 있는 장소
3) 사업장 내 근로자가 가장 보기 쉬운 장소

안전보건경영시스템(OH & SMS), ISO45001 알아보기

안전보건경영시스템(Occupational Health & Safety Management System)은 국제노동기구(ILO)와 합의를 거쳐 2018년에 최초 제정되었습니다. 기업이 산업재해 예방과 쾌적한 작업 환경 조성을 목적으로 근로자 안전보건의 유지 및 증진을 위한 목표를 설정하고 조직, 책임, 절차를 규정하고 기업내 물적, 인적 자원을 효율적으로 배분하여 조직적으로 관리하는 경영 시스템입니다.

안전보건경영 시스템은 ISO MSS에 따라 HLS를 적용하였으며, 조직이 안전보건 리스크를 관리하고 안전보건 성과를 향상할 수 있게 합니다. 안전보건경영 시스템의 목표는 근로자의 업무와 관련된 상해 및 건강상 장해를 방지하고 안전하고 건강한 작업장을 제공하는 것입니다. 결과적으로 조직이 위험요인을 제거하고 효과적인 예방 및 보호 조치를 취함으로써 안전보건 리스크를 최소화하는 것이 매우 중요합니다. 이러한 조치가 안전보건경영 시스템을 통해 조직에 적용되면 안전보건 성과가 향상됩니다.

안전보건경영 시스템의 성공 여부는 조직의 리더십, 의지 표명 및 모든 계층과 기능의 참여에 달려 있습니다. 안전보건경영 시스템의 실행과 유지, 그 효과성 그리고 의도된 결과를 달성하는 능력은 많은 핵심 요소에 의존합니다.

안전보건 인증은 ISO18001, OHSAS18001, KOSHA18001 등 개별기관별로 시행되어 오다가 2018년에 ISO45001이 제정되어 국제표준으로 정착하게 되었습니다. 안전 분야에서는 절차서와 위험성평가, 아차사고관리 등 여타 경영 시스템보다 요구 내용이 많고 중대 재해 위험이 큰 PSM 사업장의 경우 30개 이상의 절차와 기준을 요구합니다. 안전보건 인증을 받기 위해서는 최소한 다음 요소의 관리 방안이 요구되므로 사업장 특성에 맞게 필요 내용으로 구성하고 간소화하는 것이 필요합니다.

- 보건관리
- HSE 성과관리
- 사고관리
- 위험성평가
- 안전보호구관리
- 교육훈련관리
- 협력업체 안전관리
- 안전작업관리
- 공정안전관리

안전은 Safety, First!라는 경영 제일 요소이지만 중대사고가 나기 전까지 중소기업들은 관심을 크게 가지지 않고 요식적인 최소한의 대응을 하고 있는 실정입니다. 품질(Quality), 환경(Environment)의 중요성에 비해 발생빈도가 낮고 처벌 내용도 크게 없기 때문입니다. 하지만 중대 사고 발생 시 사업자가 처벌되는 형사 책임뿐만 아니라 조업손실 및 민사 배상문제가 발생합니다. 그때서야 안전의 중요성을 인식하지만 이미 많은 손실을 입고 난 이후일 것입니다. 대부분의 기업은 보건환경(Health/Environment) 분야와 묶어 HSE, SHE, ESH, EHS 등으로 통합관리합니다.

[표 11] 안전보건 업무내용

현황	요소	관리 기준 및 절차	
현장 안전	안전 Patrol	안전설비 이상유무 중심 및 안전수칙 준수	설비개선 요청 f/u
	협력업체 안전관리	안전보건협의체(자체점검,합동점검) 실시	Check List f/u
		도급 작업지역 High Risk 점검	Check List f/u
	안전관찰(2회/월)	작업자 중심 안전대화	안전관찰제도
	안전작업허가 점검	안전작업허가 발행 및 위험요인 발굴 개선	안전작업허가
	안전교육 강화	HSE Guide 교육(위반시 퇴출)	HSE Guide 절차
안전 시스템	ISO45001	HSE 절차서 Up-date/사후심사 관리	사후심사(매년)
	위험성평가	정기/수시 평가 실시, 현장 참여 확대	산안법 규정
	작업절차	절차서 개정	현장의견반영
소방	종합정밀점검	소방시설등 종합정밀점검	소방서 제출
	작동기능점검	소방시설등 작동기능점검	소방서 제출
	소방합동훈련	소방서와 합동 훈련	소방훈련계획보고
	소방시설안전점검	일상 자체 점검(전문업체 위탁가능)	소방점검결과보고
환경	대기배출시설 관리	배출/방지시설의 설치허가/신고, 대기 자가측정	환경법 규정
	수질배출시설 관리	배출/방지시설의 설치허가/신고, 수질오염 측정	환경법 규정
	토양 오염 관리	토양지하수환경 관리(오염토)	환경법 규정
보건	작업환경측정	유해인자별 실시(반기별)	산안법 규정
	건강검진	배치전, 채용전, 정기검진 등 실시	산안법 규정
방사선	방사선 안전점검	매월 실시 보고, 정기점검 실시	방사선관리법

안전보건환경에 대한 법규와 정부의 관리감독은 갈수록 강화되고 있으며, 지역주민을 포함한 시민 사회와 NGO 등 이해관계자들은 기업의 HSE에 대한 관심과 요구를 강화하고 있습니다. 이제 기업은 수동적인 대응을 넘어 임직원 및 지역사회가 안전하고 쾌적한 환경을 영위할 수 있도록 안전환경 개선 활동을 적극적으로 전개해야 합니다. 특히, 50인 이상 사업장에서는 전담 인력 배치가 꼭 필요하며 사고가 잦거나 사고

위험성이 높은 사업장은 안전보건 인증이 반드시 필요합니다.

　안전제일이라는 말처럼 지속가능한 기업이 되기 위해서는 안전에 대한 확고한 신념이 있어야 합니다. 그중 제일 중요한 것은 경영자의 안전 마인드입니다. 말로 하는 안전이 아니라 실천하는 안전을 위해 제일 중요한 것은 안전 담당자를 두고 위험성 평가라도 주기적으로 진행할 필요성이 있습니다. 매출 백억 이상의 규모가 있는 회사라면 안전보건경영 시스템을 갖추는 것을 권장드립니다.

안전사업장을 확보하는 것은
회사 존립의 바탕이다

안전은 경영의 제일 요소이지만 경영 성과 위주의 기업 운영을 하다 보면 비용으로 인식하게 됩니다. 그러다가 사고가 발생하고 법적 리스크를 지게 되면 그제야 그 중요성을 느낍니다. 소 잃고 외양간 고치는 격이 됩니다. 안전사업장을 확보하자면 우선 안전경영 시스템을 구축하고 **안전 절차 내용이 경영자와 작업자 모두에게 공통으로 인식**되면 사고 위험은 줄어들게 됩니다. 잘못된 인식으로 복잡한 절차와 현장과 맞지 않는 형식적인 관리로 인해 안전관리가 효율적으로 이뤄지지 않는 것입니다.

안전한 사업장을 확보하는 핵심을 요약하자면 다음과 같습니다. 작업기준과 절차가 관련된 모든 사람들에게 공통으로 인식될 때 위험은 획기적으로 줄어들게 됩니다.

    1) 작업자/관리자/경영자의 안전기준과 인식이 같아야 한다.
    2) 작업절차가 프로세스별로 간결하게 표시되어 있다.
    3) 작업계획서에 고위험 check 항목이 반영되어 있다.
    4) 작업상황은 매일 작업 전에 관련자들에게 공유되어야 한다.
    5) 위험작업이 표시되고 주요 리스크관리 대책이 마련되어 있다.
    6) 안전 개선은 위험성 평가와 함께 리스크 감소 논의가 되고 있다.

작업 및 공사 상황은 구성원들에게 상시 공유되어야 합니다. 전일 작업 내용과 변경사항, 당일 작업계획이 당사자들에게 공유되면서 리스크 관리나 사전점검이 덧붙여 이뤄진다면 안전한 사업장은 한발 가까워집니다. 작업허가서는 작업 전에 공유하고 작업자 서명된 것이 현장에 비치되고 작업 종료 후 보관되어야 합니다. 보관된 작업허가서는 주기적으로 위험성 평가를 진행하고 개선점을 보완해야 합니다.

작업계획서 작성 시에는 작업 사유와 목적, 작업 순서, 안전 보호구 등 작업자들도 알 수 있도록 쉽게 구성되어야 합니다. 위험 작업에 대한 사항이 기록되고 외준비 및 정리 정돈 사항도 기재하는 것이 좋습니다. 무엇보다 작업 순서가 프로세스 단위로 간결하게 표시되는 것이 좋습니다. LOTO[1] 체결/해제, 산소농도 및 Gas check, 중장비 사용(중량물 작업계획서), purge & cleaning, leak test 등 안전과 직결된 중요항목은 반드시 포함되어야 합니다. 목시관리가 가능하도록 중요 절차를 도식화하는 것도 필요합니다.

[표 12] 작업계획요약 공유

작업 내용	업체(인)	위험	계획서	작업시간	안전조치
Silo 콘트롤러 점검	자체	정전	X	2hr	차단기 off 후 작업
질소 유입장치 설치	외주(2)	화기 고소	O	1일	화기: 불티차단막, 소화기 비치 고소: 안전대 착용, 지지로프
파이프랙 보온재 설치	****(4)	고소	O	2hr	안전대 착용, 지지로프, 낙하(물건) 관련 접근금지 설치

---

1 LOTO(Lock-out, Tag-out), 잠금 표식 설치

[표 13] 작업계획서

작업 명칭	EVA 롤 위치 변경 작업		□신/증설 □교체 □철거 ■O/H & Repair □기타
작업 일시	'24년 10월 18일 (8hr) - 작업시간: 08:30~17:30	작업위치	□3호기 ■EVA □Gravure □유틸리티 □기타
작업 사유	무광 생산시 골주름 발생 (Tension, Pressure 조정으로 조치 불가)		
작업 내용	필름이 Winding되게끔 바나나롤 & 가이드롤 위치 변경		
작업 주체	□자체 (공무그룹) ■외주 (** 3명)	감독자	당사: **** 외주: ***(010-**-***)
위험 요인	■화기(소화기) □고소(2m) □정전(차단기) □중장비(크레인, 스카이) □굴착(1m) □방사선(동위원소) □밀폐공간(Silo, 맨홀) □기타		
안전조치 (중복 체크)	■구역 설정(출입경고) ■가연물 제거 ■소화기 ■불티비산 차단막 □산소농도 측정 □환기 장비 □용기개방&압력방출 □LOTO(담당:) □기타:		
안전보호구 (중복 체크)	■안전모 ■안전화 ■안전대 ■안전장갑 □보안면/보안경 □산소마스크 □방독마스크 □방열복 □내화학복 □제전복 □기타:		

작업 순서	작업 내용	참고사항
외준비	1. 작업 도구 Setting 2. 당일 작업 내용 상호확인 (작업자 ↔ 감독자)	1. 감독자 부재 상태 작업시작 금지 2. 안전팀 입회 후 작업 시작
사전조치	Roll 위치 변경 포인트 Taping	Taping시 화기 사용
분해	기존 Roll 체결부 분해	
조치	Roll 위치 변경	
조립	분해의 역순으로 Roll 체결	
확인	Alignment 확인	
작업검수	1. 당일 작업 내용 검수 (감독자) 2. 미흡/불량 발견 시 시정 요청	검수 없이 현장 철수 금지
정리정돈	1. 작업공간 정리정돈 (작업자) 2. 작업 부산물(쓰레기) 처리 (※ 원칙: 외주시 반출)	1. 재활용 가능한 고철류 등 반출 불가 2. 연속 작업 시 작업도구 정리

안전 개선활동은 리스크 감소 대책으로 접근해야 합니다. 위험의 종류와 강도/빈도 등을 분석하고 개선대책이 위험을 어느 수준으로 낮추는지를 명확히 하는 것이 좋습니다. 배가 가장 안전한 곳은 항구이지만 배의 목적은 항해이며 목적을 이루기 위해 어느 정도의 위험은 감수할 수밖에 없습니다. 안전도 **절대안전을 추구하는 것이 아니라 수용 가능한 안전을 추구하는 것**입니다. 안전관리자가 절대안전 마인드로 일을 하면 현장 작업은 어렵게 되므로 행동기반 안전관리(BBS[2]) 인식을 가져야 합니다.

작업 시 작업계획 또는 공사계획을 승인하고 안전한 작업이 이뤄질 수 있도록 사전 점검사항이나 안전주의사항을 명시합니다. 작업 전에는 TBM[3] 등 안전교육을 필히 거치도록 합니다. 위험작업에 대해서는 안전작업허가서를 별도로 발행하고 승인 절차를 거치며, 필요한 작업관리자 또는 작업감시자를 배치합니다. 안전작업허가란 사업장 내에서 이루어지는 작업 중 특별하게 중대재해나 중대 산업사고가 발생할 수 있는 유해 위험작업에 대해서 안전보건을 확보하기 위하여 체계화된 절차를 수립하는 제도입니다.

---

2 BBS(Behavior based safety), 행동기반 안전관리
3 TBM(Tool box meeting), 작업 전 미팅

[표 14] 위험작업의 종류

위험작업	설명	안전대책
화기작업	위험지역의 화기/용접/그라인딩	불티비산방지, 소화기 비치
중장비	크레인, 포크레인 등	작업감시자 배치
고소	추락, 낙하 위험. 2m 이상	고소작업대 착용
굴착	지하배관(30cm 이상)	설계도/작업감시자
정전	전력 on-off 수반	LOTO(Log-out, Tag-out)
밀폐공간	질식 및 가연성 가스 체류	가스농도 측정
방사선	비파괴검사, 방사선사용	전문가 입회

　기계 및 설비의 유지보수나 시운전 중에 일어날 수 있는 사고를 막기 위해 에너지원 제거를 보장하는 LOTO 절차는 필히 준수토록 해야 합니다. LOTO는 에너지 차단 장치에 잠금(Lock-out)을 하는 것이며, 표지(Tag-out)는 표지장치를 하는 것으로 작동되지 않음을 보증하는 것입니다. LOTO 장치를 부착한 자 이외에는 누구도 이를 제거하거나 조작할 수 없도록 하여 사고를 예방합니다.

　안전작업허가와 이후 관리감독 과정에서 실효성 있는 활동이 이뤄져야 합니다. 많은 회사들이 형식적이거나 비효율적인 제도를 운영하는 경우가 많습니다. 안전한 작업을 위한 것이 아니라 안전만을 지나치게 강조하면서 비용은 과다하게 소모되고 큰 위험은 못 보는 경우가 많습니다. 지나치게 복잡한 작업허가 절차와 형식적인 붙박이용 관리감독 및 감시자를 배치하는 것이 중요한 것이 아니라 중대재해 위험을 집중적으로 점검관리하는 것이 사고 예방에 큰 기여를 합니다.

　안전사업장을 확보하는 길은 제도와 형식에 치우치는 것보다 안전관리의 질을 향상시키는 것입니다. 작업허가서는 해당작업의 중대재해 위험요인을 알기 쉽게 도식화하고 작업자들이 그 사실을 인식할 수 있는 형태로 바뀌어야 합니다. 작업자부터 경영자까지 위험요인 인식이 같을 경우 가장 좋은 안전사업장을 확보하는 길입니다.

많은 기업에서 안전인증을 받고 업무를 수행하지만 실효성 있는 안전관리가 되지 않습니다. 근로자들의 생각과 경영자의 인식이 다르기 때문입니다. 매년 주기적으로 직원들의 안전의식 조사가 필요한 이유입니다. 똑같은 척도를 기준으로 전체 의견을 수렴할 경우 어디에 문제가 있는지 안전을 구성하는 각 요소들의 문제점을 확인하고 변화 정도를 알 수 있습니다.

[표 15] 안전의식 조사

No	분류	질문 내용
1	경영 시스템	안전경영 시스템에 의한 안전방침과 목표를 잘 수행하고 있습니까?
2	안전조직	안전조직을 운영하고 체계적으로 잘 수행하고 있습니까?
3	안전예산/투자	안전분야 예산과 투자를 적절하게 반영하고 있다고 보십니까?
4	위험성 평가	유해위험요인을 주기적으로 평가하고 그 개선을 충실히 하고 있습니까?
5	근로자 참여	안전문제에 대해 근로자 의견을 적극적으로 반영하고 있습니까?
6	안전 절차	안전절차 및 작업표준은 현실에 부합하고 잘 이행된다고 보십니까?
7	안전교육	안전교육은 현장상황과 부합하고 교육의 질에 만족하십니까?
8	안전 점검	안전점검 활동은 적절하게 잘 수행하고 있다고 보십니까?
9	법규 준수	안전법규를 준수하고 인증/검사가 잘 이뤄지고 있다고 보십니까?
10	사고관리	안전사고 예방과 재발 방지를 위해 적극적으로 노력한다고 보십니까?

안전점검 활동도 포괄적이고 지적을 위한 점검으로서는 안전의 근본 목적을 달성하기 어렵습니다. 형식적이고 반복적인 안전업무 요식행위에 불과합니다. 법규나 위험도를 고려하여 테마별로 주기적으로 점검하는 것이 매우 중요합니다. 이때 점검자의 전문성이 중요하므로 필요할 경우 직원들 중 전문성을 갖춘 사람을 활용하거나 외부 전문가의 도움을 받아 합동점검 형태로 하는 것이 좋습니다. 다음은 월별 연간 점검일정표 예시입니다.

[표 16] 안전점검 연간 대상과 내용

No	점검월	점검 대상	팀	주요 점검 내용
1	1	방지시설	생산	방지시설 일상점검 기록 확인, 설비물 청결상태 육안 점검, 이상진동 및 발열상태 확인 등
2		방사선	생산	방사선 외주 점검 기록 확인, 종사자 건강검진 기록 확인, 설비 육안 점검 등
3		프레스	공무	슬라이드 또는 칼날에 의한 위험방지기구 점검, 금형 및 고정볼트 상태, 전단기의 칼날 및 테이블의 상태 등
4		LOTO 용품	공무	보유 LOTO 용품 확인, LOTO 절차서 현장 게시 여부 확인, 작업절차 준수 여부 설문조사 등
5	2	안전밸브(PSV, 파열판)	생산	검교증 기록 확인, 주요 구조부 육안점검, 연결부위와 외관 이상유무, 필요시 체크리스트 점검 등
6		보호구함 및 착용 표지판	안전	보호구함 내 보호구 종류 및 수량, 보호구 착용 표지판 여부, 관리자 기록지 확인, 필터류 교체 기록 점검 등
7		폐기물	환경	폐기물 보관소 시설물 기준 점검, 지정 폐기물& 일반 폐기물 관리 실태 등
8	3	크레인/호이스트	공무	주요 구조부 육안점검, 훅 해지장치, 권과방지장치, 비상정지장치, 과부하방지장치 등
9		밀폐공간	생산	밀폐공간 작업 누적 기록 확인, 작업시 착용 보호구 점검, 출입금지표지 및 점검 결과 게시 여부 등
10		작업환경조도	안전	각 구역별 측정, 조명기구 점검, 방폭등 설치 여부 등
11	4	고소작업대	생산	각 설비 외관 점검, 계기판 및 표시등 점검, 음축수 및 누유 상태 점검, 물리적 처리시설 슬러지 확인 등
12		개구부	생산	상시덮개 육안 점검, 안전난간 설치 검토, 안전표지 설치, 추락방지상태 유무 등
13		화학물질	환경	옥내·외 저장소 청결 상태, 위험물 저장소 지정폐기물 관리상태, 안전보건표지판 게시상태 등
14	5	전기실	공무	변압기 온도 및 작동상태, 전기실 사건장치, 판넬 외관, 각종 계기 및 표시등 상태 등
15		MSDS	환경	최신화 여부, MSDS자료 비치, 경고표지, 안전보건조치 여부 점검, 관리상태 파악, 소분용기 점검 등

No	점검월	점검 대상	팀	주요 점검 내용
16	6	계측기	공무	관리대장과 재고 비교, 검교정 기록 확인, 육안 점검, 관리 실태 파악 등
17		수배전반	공무	검교증 기록 확인, 주요 구조부 육안점검, 내부 온도 점검, 디지털 보호계전기 확인, FAN 동작 여부, 부하 측정 등
18		보일러	생산, 공무	정기 점검 기록지 확인, 주요 설비/부품의 마모나 손상 여부(연료공급,배기,배관,필터), 계기판 및 표시등 등
19	7	컨베이어	공무	원동기 및 풀리 기능 이상유무, 이탈등 방지장치기능 점검, 비상정지장치 기능 점검, 덮개 또는 물 이상유무 등
20		리프트	공무	권과방지장치, 표시내용 부착 점검, 경보장치, 출입문 인터록, 과부하방지 장치, 비상정지장치 등
21		냉동기	생산, 공무	전기 및 제어시스템 점검, 진공도와 누설여부 점검, 냉매 충전상태 확인, 압력 및 온도 점검 등
22	8	ESS 배터리	공무	충전부 노출, 전선 및 케이블 피복 손상, 온도 적정성, 폭발성 가스 축적 여부 및 환기시설 작동 등
23		펌프	생산, 공무	유지관리 점검표 확인, 파손 변형 악취 여부, 이상 소음 및 진동 상태 등
24		컴프레샤	생산, 공무	온도 압력지시, 오일 및 필터류, 구동벨트 육안점검, 안전밸브 동작 확인 등
25	9	그라인더	공무	덮개 파손 유무, 전원케이블 파손 유무, 스위치의 작동 유무, 디스크 간극상태, 연마제 이상상태 여부 등
26		옥외사일로	생산, 공무	접지상태, 표지판 부착 여부, 누전차단기 작동여부, 점검 기록지 확인 등
27		용접기	공무	접지상태, 표지판 부착 여부, 누전차단기 작동여부, 차단기별 부하명 표시, 주간안전점검 기록지 확인 등
28	10	수직사다리	생산	고정 상태, 등받이물, 출입통제장치, 안전표지 등
29		지게차	생산	일일 작업전 자율점검표 누적 기록 확인, 육안 점검, 스크래치 이력 조사, 충전함 점검 등
30		AED	보건	월간 점검표 확인, 건전지/패드 교체일 확인, 도난경보 장치 작동 여부, 비상연락망 표시 여부 등

No	점검월	점검 대상	팀	주요 점검 내용
31	11	압력용기	공무	안전인증 기록 확인, 과압해소용 안전밸브 육안점검, 드레인 상태, 연결부위와 외관 이상유무 등
32		소화·방화시설	공무	스프링클러 점검, 소화기 점검, 자동화재탐지설비 점검, 자동방화셔터 구역 적재물 이동, 히터트레싱 점검 등
33		전열기구 (난방기구)	공무	사용 승인 필증, 허가 장소 외 사용, 기구의 파손/배선 손상/이상발열/자동전원차단 점검, 문어발식 콘센트 등
34	12	인터록/비상정지장치	생산	경고등 및 경고음 작동여부, 정상 작동 여부 확인 등
35		이동식 사다리	생산	주요 구조부 육안점검, 아웃트리거 상태, 벌어짐 방지 장치 등
36		공기구	공무	관리대장과 재고 비교, 검교정 기록 확인, 육안 점검, 관리실태 파악 등

위험성평가를 왜 해야 하는가?

위험성평가는 안전관리의 가장 기본이라고 볼 수 있습니다. 위험성 평가는 유해위험요인을 파악하고 해당 유해 위험요인에 의한 부상 또는 질병의 발생 가능성(빈도)과 중대성(강도)을 평가하여 감소 대책을 수립하는 일련의 과정입니다. 위험성평가는 사고 예방과 재발 방지를 위한 핵심수단으로 자기규율 예방 체계라고 볼 수 있습니다. 허용 가능한 위험수준 외에 허용 불가능한 위험에 대해 합리적인 감소대책을 수립하고 실행하는 과정입니다.

위험성평가에는 JSA/HAZOP/KRAS/4M 등 다양한 방법이 사용되며, 현장 작업자들이 주기적으로 전문기관에서 교육을 이수하도록 제도화하는 것이 필요합니다. 교육이수자는 자신의 작업 현장에 대해 유해위험 요인별로 빈도와 강도 분석을 하는 수시위험성 평가 결과물을 도출토록 하면 현장의 위험에 대해 잘 이해하게 될 것입니다. 또한, 안전관리자는 매년 주기적으로 정기/수시위험성 평가에서 도출된 내용을 재평가하고 개선안을 보완하는 정기위험성 평가를 실시토록 제도화할 필요가 있습니다.

[표 17] 위험성평가 종류

평가 주기	평가 대상	HAZOP	KRAS	JSA	화학물질
최초 평가	전체 사업장	○			
정기 평가(연 1회)	전체 사업장	○	○		
수시 평가 (설비, 물질 신규 도입 또는 사고시)	변경 관리		○		
	작업 관리		○	○	
	사고 조사		○		
	화학물질				○

1) HAZOP은 논리적인 Guide Word를 사용하여 정상적인 조건 이탈 시에 예상되는 위험 정도를 정성적으로 분석하고 그 영향을 평가하여 연속공정

및 운전 상의 위험 요소를 감소시키는 방법. 연속공정의 위험과 운전분석
2) K-PSR은 조업 중인 공정, 변경, 증설 Plant에 대한 Hazard Review로써 누출, 화재 및 폭발, 공정 Trouble, 상해에 대한 위험으로 분류하여 위험성을 평하는 기법
2) JSA(job safety assessment)는 작업안전평가로서 특정 작업을 주요 단계로 구분하여 단계별 유해위험요인과 잠재 사고를 파악하고, 그것을 예방하기 위한 대책을 개발하기 위해 작업을 연구하는 기법

위험성평가는 최초 평가 후 1년마다 정기적으로 재검토하는 정기평가와 설비·물질의 신규 도입 및 산업재해 발생 시에 하는 수시평가로 구분합니다. 새로운 평가 방식으로는 월 또는 주 단위 상시평가를 실시할 수 있습니다. 근로자 제안제도, 아차사고관리, 근로자 참여 사업장 순회 점검을 할 경우에는 정기평가와 수시평가를 한 것으로 간주됩니다.

위험성평가 시에는 기법에 따라 다음에 해당하는 사업장 정보 중 필요한 자료를 사전에 조사하여 활용하는 것이 유익합니다.

1) 작업표준, 작업절차 등에 관한 정보
2) 기계·기구, 설비 등의 사양서, 물질안전보건자료(MSDS) 등의 유해위험 요인 정보
3) 기계·기구, 설비 등의 공정 흐름과 작업 주변의 환경에 관한 정보
4) 같은 장소에서 사업의 일부 또는 전부를 도급을 주어 행하는 작업이 있는 경우 혼재 작업의 위험성 및 작업 상황 등에 관한 정보
5) 재해사례, 재해통계 등에 관한 정보
6) 작업환경측정결과, 근로자 건강진단결과에 관한 정보 등

유해 위험을 찾기 위해서는 다양한 요인, 기계/전기/물질/생물/화재/물리/작업환경/육체/정신/조직별로 구분하여 살펴볼 필요가 있습니다.

좀 더 간결하게는 4M[4]을 활용하여 인적, 물적, 환경적, 관리적 요인으로 구분해 볼 수 있습니다. 유해 위험 중 화재, 폭발, 누출 등 중대 재해요인은 필수적으로 확인해야 합니다. 사고유형이나 요인별로 살피는 것도 필요합니다. 3대 사고유형과 8대 요인은 추락(비계, 지붕, 사다리, 고소작업), 끼임(방호장치, LOTO), 부딪힘(혼재작업, 충돌방지장치)입니다.

위험성평가 주체는 사업주이며, 안전보관리책임자, 관리감독자, 안전보건관리자, 안전보건담당자, 작업근로자가 참여하여 각자의 역할에 따라 실시해야 합니다. 위험성평가 추진 절차는 다음과 같이 5단계로 진행합니다. 위험성평가에서 가장 중요한 사항은 허용 가능한 위험 여부를 정하는 것입니다. 그리고 현 상태에서 더 이상의 대책이 없는 경우 위험성평가는 종료됩니다.

   1) 사전 준비
   2) 유해위험요인 파악
   3) 위험성 추정
   4) 위험성 결정 – 허용 가능한 위험 여부
   5) 위험성 감소대책 수립 & 실행 & 기록 보존

위험성의 강도와 빈도에 대해서는 사람마다 편차가 크지 않도록 관리하는 것이 중요합니다. 위험성 추정에서 편차가 클 경우 높은 점수를 중심으로 위험성을 평가하는 것이 더 좋은 위험성 평가 방법입니다. 위험성 감소 대책 수립을 위해서는 절대 위험을 낮추는 방향으로 추진하는 것이 안전관리의 목적입니다. 배가 가장 안전한 곳은 항구이지만 목적을 위해서는 어느 정도 위험을 감수해야 한다는 것을 잊지 말아야 합니다.

---

4 4M(Man, Machine, Media, Method)

안전한 행동 습관을 가져야 사고를 줄일 수 있다

　모든 사고는 예방하면 막을 수 있다는 신념이 있어야 하며, 사고관리를 위해서는 사고 보고 절차, 신속한 사고조치, 사고조사와 재발방지책이 마련되어야 합니다. 작은 사고라도 투명하게 보고되어야 하며, 사고유형이나 등급에 따라 보고체계를 달리 할 수 있지만 사고 발생 시에는 반드시 위험성 평가 및 사고방지책을 마련하여 재발 위험이 없도록 해야 합니다.

[그림 15] 하인리히 법칙

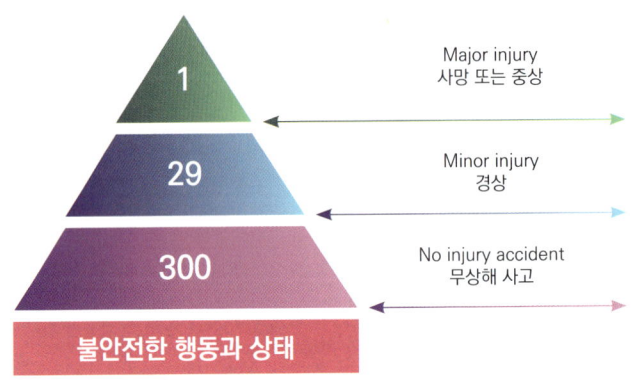

　하인리히 법칙(Heinrich's law)은 한 번의 큰 재해가 있기 전에 그와 관련된 작은 사고나 징후가 먼저 일어난다는 사고발생 도미노 이론입니다. 사고 발생 비율이 1:29:300으로 1931년 허버트 윌리엄 하인리히(Herbert William Heinrich) 『산업재해 예방: 과학적 접근』을 통해 처음 알려졌습니다. 당시 미국 여행보험사의 손실통제 부서에 근무하던 하인리히는 산업 재해 사례들을 분석하던 중 일정 법칙을 발견했습니다. 하인리히가 발견한 법칙은 큰 재해로 1명의 사상자가 발생할 경우 그 전에 같은 문제로 경상자가 29명 발생하며, 역시 같은 문제로 다칠 뻔한 사람은 300명 존재한다는 내용입니다. 하인리히는 이 조사 결과를 바탕으로 큰 재해가 우연히 발생하는 것이 아니라, 반드시 그 전에 사소한 사고 등의 징후가 있다는 것을 실증적으로 밝혀내 책으로 발표했습니다. 이 점에서 선제적으로 아차사고와 경상

사고 관리를 통해 대형 사고를 예방할 수 있다는 것입니다.

사고를 줄이기 위한 안전관리 방안으로 다양한 방식이 있지만 근본적으로 행동 중심 안전관리(BBS, Behavior based Safety)가 요구됩니다. 사고가 나면 대부분 방지책으로 말 없는 설비 탓을 합니다. 실수하는 것이 인간이고 인간 행동에 따른 원인이 사고 발생의 96%에 이른다는 dupont의 연구 결과도 있습니다. 사람의 행동에는 책임이 따를 수 있기 때문에 고의적이거나 의도치 않게 회피하면서 설비 문제로 원인을 돌리게 됩니다. 사고를 줄이기 위해서는 위험설비에 대해서는 법적인 방호설비를 마련하지만 ISO45001 등 안전시스템을 구축하고 근본적으로 BBS 개념의 안전관리가 요구됩니다.

[그림 16] BBS, 행동기반 안전관리

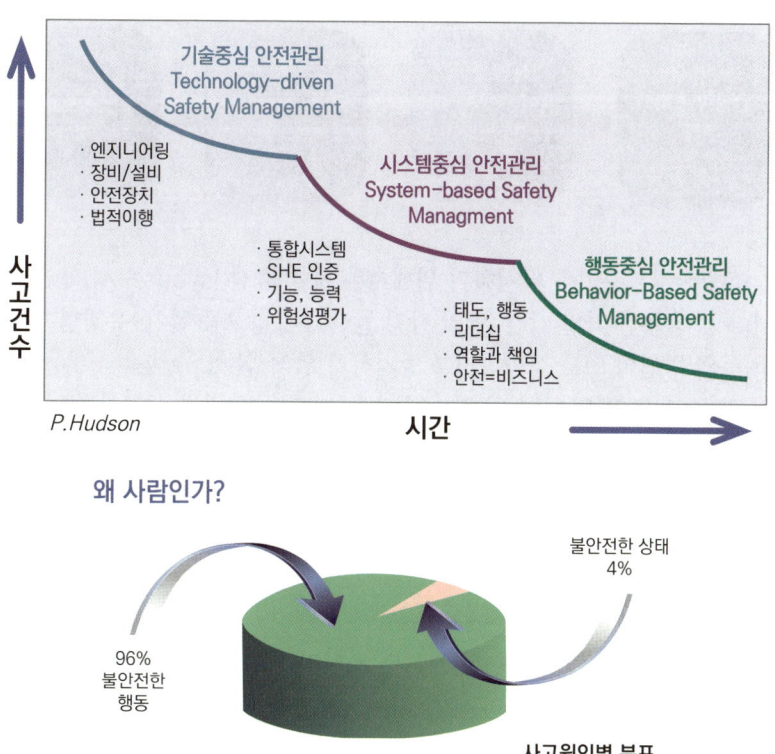

행동 기반 안전관리의 목표는 무의식적 안전, 즉 안전한 습관을 기르는 것입니다. 무의식적 불안전 상태에서는 교육이 중요하며, 의식적 불안전 상태에서는 동기전략이 필요하고, 의식적 안전상태에서는 지속적인 관리가 필요합니다. 과속을 하면서 안전을 얘기하는 것이 우스운 말이듯이 말로 하는 안전이 아닌 규칙 준수와 안전한 행동을 유발하여 습관적인 안전행동을 유도하는 것입니다.

BBS에는 인간의 의도된 행동과 의도하지 않은 행동으로 인한 불안전한 행동과 태도를 관리하는 것입니다. 의도된 행동으로는 위반(non compliance)과 착오(mistakes)가 있으며, 의도하지 않은 행동으로는 부주의(slips)와 깜박하기(laps)가 있습니다. 각 행동에 따라 발생되는 에러를 최소화하는 것이 BBS의 본질입니다.

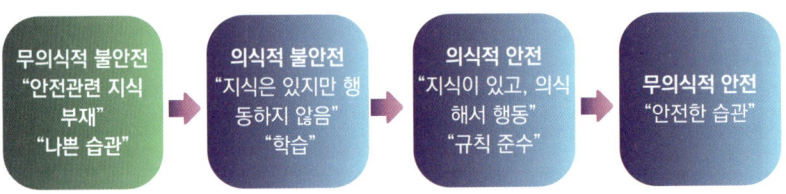

BBS에서 부주의를 방지하기 위해서는 사람 중심 layout 구성, cross-check, 충분한 작업 시간, 에러 감지 알람이나 경고등 설치, 유경험자 활용 등의 방법이 있고 깜박하기를 방지하기 위해서는 check-list 활용, 동시확인, 깃발 표시 등이 있으며, 착오를 방지하기 위해서는 자격요건을 설정하거나 직무 능력을 습득토록 하는 것 등입니다. 규칙이나 절차의 의도적 미준수 및 위반 행위에 대해서는 엄격한 적용이 필요합니다. 그러기 위해서는 경영자 및 관리자의 솔선수범과 직원들이 그에 대한 이해를 충분히 하고 있어야 합니다.

사고가 발생할 경우 신속한 보고와 조치가 중요합니다. 사고발생 즉시 발생부서내 초기 보고가 이뤄지고 추가사고 예방과 재해자 이송 등의 조치를 해야 합니다. 발생부서장은 선조치 사항 시행 즉시 내용을 정리하여 경영진에게 사고발생 보고가 필요합니다. 사고발생 보고 시에는 사고 유형, 사고 일시, 사고 장소, 사고 개요, 사고 추정원인, 피해정도, 피해자 인적정보 등이 포함되어야 합니다.

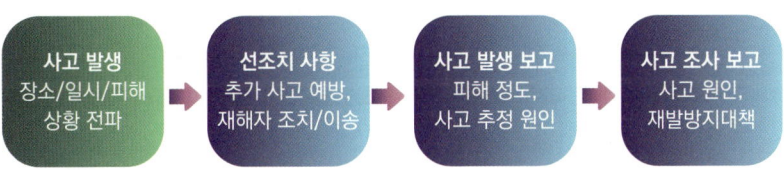

인적 사고에는 경미상, 경상, 중상, 중대재해가 있습니다. 경상부터 산업재해로 분류되며 경상은 3일 이상, 4주 이내의 입원 또는 요양을 필요한 경우이며, 중상은 4주 이상의 입원 또는 요양을 요하는 상해가 해당됩니다. 중대재해는 다음의 경우 해당됩니다.

- 사망 1명 이상이 발생한 재해
- 3개월 이상 입원 또는 요양을 요한다고 진단한 부상이 2명 이상 발생한 재해
- 부상자 또는 직업성 질병자가 동시에 10인 이상 발생한 재해

인적 사고 외에도 공정사고(화재/폭발/누출), 품질사고, 환경사고, 물류사고와 당사 자산의 손실이나 절도 사고, 당사 자산의 절도, 폭행 등의 범죄, 출입제한 지역을 허가 받지 않고 무단 출입 발생사고 및 회사 Network나 공정 컨트롤 시스템의 허가 되지 않은 접속으로 발생한 보안 사고 등이 있을 수 있습니다.

사고 이후에는 재발 방지를 위해 사고 조사를 실시해야 합니다. 사고조사 시 조사자의 경험이나 예단, 지식에 좌우되어 제대로 된 조사가 이뤄지기 어렵습니다. 사고재발방지책이 설비개선이거나 직원교육 같은 재발방지책이 반복된다면 사고재발방지에 그다지 도움이 되지 않습니다.

사고예방을 위한 안전관리를 위해 교육, 시스템, 절차/표준, 설비 등 다각적 측면에서 대책을 수립하고 실천하는 것이 필요합니다. 사고조사에 필요한 12가지 유형별로 기준과 절차를 마련하고 모든 작업자들이 공통적으로 인식하는 경우 사고는 매우 놀라운 정도로 개선될 것입니다. 안전마인드와 안전한 작업 행동이 사고를 방지할 수 있습니다.

① 숙련도: 사고자의 업무 경력, 수행 기간, 숙련도를 서술
② 부주의한 행동: 위반, 의도된 행동, 착오(mistake), 깜박(lapse), 부주의(slip) 서술
③ 관리감독: 정상 업무 수행을 위한 감독/관리 형태와 지시사항, 작업자의 이해 정도
④ 절차준수: 정상 업무를 위한 작업 절차/순서와 이행/미이행 여부, 작업자 인지 여부
⑤ 작업 표준 존재: 작업 표준의 필요성과 당위성, 설정된 내용과 수정/변경할 사항
⑥ 작업 표준 적합: 작업 표준의 적절성, 작업 적합도와 변경할 사항
⑦ 안전 communication: 작업 전 안전대화, 미실시했다면 사유, 작업자의 인지 여부
⑧ JSA 위험 기준 수립: 위험성 평가 내용, 미실시했다면 그 사유, 개선·보완할 사항
⑨ 작업안전교육: 교육여부, TBM 실시, 작업자의 이해 및 반영사항
⑩ 보호구/작업도구: 필요성과 적절성, 준비도/상태, 활용여부, 미활용 사유
⑪ 설비 위험성: 위험의 강도와 빈도, 안전 주의사항, 경고표시 부착, 위험저감대책
⑫ 설비 결함: 설계의 결함, 구조상의 결함, 안전을 위해 보완할 사항

안전보호구는 필요가 아니라 필수이다

작업 시 안전화를 신고 장갑을 착용하는 것은 안전의 기본입니다. 그 외에도 추락이나 낙하 위험 작업에서는 안전모를 쓰고, 고소 작업에서는 고소작업대와 걸고리를 체결합니다. 이때 걸고리는 낙하위험으로부터 안전한 곳에 지지해야 합니다. 중장비를 사용하는 곳에서는 작업 반경 내 통행을 제한하는 것도 필요합니다.

위험물질이 있는 경우에는 방독마스크를 착용합니다. 산소 희박 또는 가스 적체 위험이 있는 밀폐 작업에서는 작업 전에 가스감지기로 확인하고 필요에 따라 산소호흡기를 착용하고 경보기를 휴대하는 것은 안전 확보의 첫걸음입니다. 그외 필요에 따라 안전보호구를 착용하는 것은 이제 상식이 되었습니다.

안전보호구는 작업 종류에 따라 필요한 보호구를 명시하고 착용 방법과 기준을 마련하는 것이 필요합니다. 보호구 사용에는 착용 또는 사용 기준뿐만 아니라 측정기준도 있어야 합니다. 또한, 사용 연한과 교체 주기 등을 점검하는 것뿐만 아니라 검교정도 실시해야 합니다. 가스 감지기가 제대로 작동하지 않는 것을 방치하는 것은 매우 큰 위험을 초래하게 됩니다.

보호구 사용에는 반드시 법적 기준 및 착용과 미착용의 차이에 대해 충분한 논의를 거친 후 효과적인 대책을 수립하는 것이 중요하며 오남용 및 과도한 대응을 하는 것은 경제적 손실을 초래합니다. 분진이 많이 발생하는 작업장에는 방진마스크를 착용토록 하고 유해 위험 수준의 분진이 발생하는 곳에서는 주기적인 건강검진을 통해 작업자의 건강관리가 필요합니다.

[표 18] 안전보호구 종류

구분	보호구 종류	착용 시기
일반 보호구	안전모	낙하, 비래, 전도, 추락 위험지역 * 안전모 착용 기준 명시
	안전화	물체의 낙하·충격, 물체에의 끼임, 감전, 정전기의 대전(帶電) 위험이 있는 작업
	기타 보호대	근골질환이나 특정 신체보호 필요성이 있을 때
안면 보호구	보안경	그라인드 등 특수작업으로 비산물 발생 시 유해광선(자외선/적외선/가시광선) 발생 시
	보안면	화공약품이나 각종 비산물 등 유해 액체가 안면에 접촉될 우려가 있을 때
피부 보호구	창상보호장갑	칼 작업 시
	방진복	분진이나 먼지 발생지역 출입 및 작업 시 (내부사일로, back filter, TDO Cleaning)
	용접장갑/방열복	고열(cleaning), 용접, 화기 작업 시
호흡 보호구	방진마스크	분진, 극심한 먼지, 미세한 금속가루 발생
	방독마스크	롤 크리닝 시 등 유해·위험물질 누출 지역
소음 보호구	귀마개/귀덮개	소음강도 85db 이상 지역
추락방지 보호	안전대	고소 작업 시(발판이 설치되지 않은 2m 이상 높이 작업)
기체 측정	산소감지기	입탑, 맨홀, 밀폐공간 등 산소 희박 지역
	가연성가스 감지기	화기작업 전 가스 누출 점검

유해화학물질을 사용하는 곳에서는 MSDS를 필히 비치하고 인체에 미치는 영향을 작업자에게 공지하고 필요한 보호구를 착용토록 해야 합니다. 소음이 85db 이상으로 발생하는 곳에서는 귀마개나 귀덮개를 지급해야 합니다.

직원이 건강해야 회사에 활기가 돈다

보건 관리 업무에는 작업환경관리, 감염병 예방, 근골격계 질환 예방, 뇌심혈관 질환 예방, 스트레스 예방, 알코올 오남용 예방, 질식 재해 예방, 화학물질 중독관리, 혹서기/혹한기 건강관리, 건강검진, 금연 등 직원 건강에 대한 예방 활동 및 사고 발생 후 비상대응과 산재업무, 인공호흡과 심폐소생, 화상처치 활동 등이 있습니다. 주요 업무로는 보건관리 계획과 일지 작성, 건강검진, 작업환경측정, MSDS 관리 등이 있습니다.

법적 강제 사항도 있고 회사 정책이나 방침에 따라 또는 후생복지 차원에서 실행하는 부분도 있지만 보건 부문 전체를 포괄하는 보건 관리 또는 직원 건강관리 절차를 구비할 필요가 있습니다. 일정 규모 이상에서는 자격을 보유한 간호사 등 보건관리자를 배치하거나 보건전문기관에 위탁할 수 있습니다. 직원복지와 연결되면서 생활 건강에도 관심을 두고 질병이 있는 유소견자 관리를 지속하는 것이 좋습니다. 4대 생활건강 질환으로는 간장질환, 고지혈증, 당뇨, 고혈압이 있습니다.

건강검진은 법적으로 일반·특수·배치 전·배치 후 건강검진을 실시해야 합니다. 회사의 필요에 따라 채용 시나 종합건강검진을 추가하기도 합니다. 소음, 진동, 분진, 오존, 유해화합물 등 유해인자가 발생하는 장소의 근무자에게는 특수 건강검진을 유해인자 주기에 따라 실시해야 합니다.

[표 19] 건강검진 종류

구분	설명	비고
채용 시 건강검진	근로자 채용 시	법적 사항 아님
일반 건강검진	연 1회 정기검진	산업안전보건법 제43조
종합 건강검진	근로자 복지	일반검진과 동시 진행
특수 건강검진	유해인자 발생장소 근무자	산업안전보건법 제43조
배치 전 건강검진	특수건강진단 대상지 근무자	산업안전보건법 제43조
배치 후 건강검진	유해인자 측정주기에 따라	산업안전보건법 제43조

작업환경 관리에는 작업유해요인조사를 주기적으로 실시하는 작업환경 측정이 있으며 전문 기관을 통해 실시하도록 합니다. 작업환경 측정시에는 유해요인(물리적 인자/화학적 인자)과 기준을 명확히 하여 적정한 조사가 이뤄질 수 있도록 합니다. 근골격계 질환 예방은 근골격계 부담 작업의 유해요인 조사와 개선 등을 포함하며 3년마다 법적 의무 시행 사항으로 매뉴얼이나 업무 표준 등으로 유지할 필요가 있습니다.

감염병 예방에는 호흡기 질환자 관리, 독감백신 접종 외에도 법정 전염병 발생시 마스크 착용 등 행동수칙 안내와 발열 체크와 출입제한, 방역 활동 등이 있습니다. 특히 대응단계별 행동이 다를 경우에는 기준을 명확히 정하고 수시로 안내하여 전염병을 차단할 필요가 있습니다.

혁신활동은 선택이 아니라 필수이다

변화의 속도를 따라가지 못하면 기업의 경쟁력은 위기를 맞게 됩니다. 많은 기업들이 영속하지 못하는 배경입니다. 현실에 만족하고 안주하다 보면 어느새 뒤처져 있는 현실이 나타나게 됩니다. 그러면 내부에서 변화 혁신을 진행하지 못하는 우리의 모습은 무엇일까요? 다음과 같은 문제들이 우리의 경쟁력을 약화시키는 요인일 수 있습니다.

- 고객 요구를 따라가지 못하는 "품질과 시행착오, 불량률"
- 시장 요구를 따라가지 못하는 "개발, 제조 lead time"
- 판가 인하 속도를 따라가지 못하는 "원가절감, 고비용구조"
- 변화 속도를 따라가지 못하는 "의식구조"
- 더딘 신규고객 개척 및 기존 고객 이탈 "영업실행력 부족"

혁신활동은 이러한 위기를 극복하고 "고객이 만족하는 제품을 좋은 품질로 싸고, 빨리, 안전하게 제공하는 것"입니다. 혁신과 개선활동은 **문제를 인식하는 것에서부터 시작**되어 해결하는 데 있습니다. 혁신전략은 절대 경쟁력 확보와 손실 축소를 위해 현장의 개선할 사항에 대해 달성 목표와 일정 기간, 인원을 지정하여 해결토록 하는 장·단기 과제 활동과 3정 5S 활동이 주를 이루고 있습니다.

혁신활동은 업무로 수행하기도 하지만 업무 이외 과제로 진행할 수 있습니다. 따라서, 결과에 따라 성과보상제도를 갖추는 것과 지속적이고 반복적으로 실천하는 것이 중요합니다. 이러한 결과가 직원들에게 습관화되어 기업문화로 정착되기 위해서는 경영자의 의지와 관심이 절대적으로 필요합니다. 경영자의 관심이 가는 곳으로 직원들의 행동이 따르기 마련입니다. 경영진이 관심 표명을 하는 것 중에 주기적으로 경영진 참석하에 발표회를 가지는 것도 좋은 방법입니다.

[표 20] 혁신활동 추진 사례

분야	혁신과제	단위	비고
품질	불량률 축소	비율	파레토 활용한 주요 불량 우선 해결
	반품률 감소	비율	발생 원인 분석
	재가공의 축소	비율	가공낭비 분석
생산성	단위생산량 확대	생산량	설비 비가동요소, G/C, S/D 분석
	G/C 축소	횟수	요인 분석, 제품 수량과 연동
	S/D 감소	시간	설비 un-planned 요인 분석
	제품수량 축소	횟수	고 원가/UCM grade 통폐합
	설비 예방보전	달성도	CBM/TBM/일상점검/검교정 기준 수립
원가	포장비 절감	단위비용	재질, 방법, 운반형태 등 분석하여 비용 절감
	유틸리티 비용 절감	단위비용	전기, 가스, 용수 등
	CC&A 비용 절감	단위비용	거래선 다변화, 성능 향상, 조달비 축소
	재고비용 축소	재고원가	과잉재고, 장기재고 원인분석

혁신활동을 수행하기 위해서는 혁신활동 도구를 활용하는 것이 효과적입니다. 혁신활동 도구에는 문제해결기법(DMAIC), 6-Sigma, 특성요인도, 연관도법, Logic tree, 5Why 등 다양한 기법이 있습니다. 전략경영이나 방향 설정에서 많이 활용하는 기법은 SWOT 분석, 3C 분석, 7S model 등 입니다. 현상파악에는 logic tree, pareto 분석이 많이 쓰이며, 원인분석에는 5Why, 연관도(relation chart) 등이 활용됩니다.

혁신활동 도구를 활용하기 위해서는 전문적인 학습이 필요합니다. 우선 리더 인력을 먼저 교육시키고 자체적으로 진행할 수 있습니다. 그러나, 시행착오를 줄이기 위해서는 실행 초기에 외부전문가 컨설팅이나 자문을 받아 함께 과제를 수행하는 것이 필요합니다. 혁신도구를 이해하는 것 외에도 수행과정에 동반되는 동작분석, 외준비, chart 작성 등 상세 내역에서 전문가의 도움 없이는 진행이 쉽지 않기 때문입니다.

[표 21] 혁신도구 목록

과제 도출/선정	과제 방향 설정	3C 분석, SWOT 분석, BCG matrix, GE matrix
	과제 도출	VSM, Process mapping, FMEA
	과제 선정	Relation chart, Decision making matrix
핵심문제 도출	현상 파악	Logic tree, Pareto 분석, Interview, Survey, Radder chart
	후보 과제 선정	Relation chart, Pareto 분석, Brain storming, Team voting
과제 분석	원인 분석	특성요인도, 5Why, Relation chart, X-Y matrix
	아이디어 도출	Brain storming, Brain writing, FMEA, Bench marking
과제 관리	계획 수립	Risk map, 작업책임흐름도, Force field analysis
	진도 관리	활동표/Gantt chart, Pert/CPM

[표 22] 3C 분석 사례

항목	당사	고객 요구	차이/대책
Q(품질)	공정불량 1.5%	공정불량 2.5%	품질경쟁력 우수
D(납기)	Lead time 4일	Lead time 3일	우수하나 1일 축소 필요
C(원가)	원가율 85%	납품가: ?	원가열세로 개선 필요

여러분의 생산 현장은 어떻습니까? 아래의 간단한 질문에 대해 모두 그렇다고 하고 실제로 현장이 그렇게 움직인다면 좋은 회사라고 할 수 있으며 미래도 밝다고 볼 수 있습니다.

- 시설 및 설비의 손상과 오염은 없고 잘 관리되고 있습니까?
- 현장 내 지게차 충돌 흔적은 없습니까?
- 오일이나 용수의 leak point는 없습니까?
- 비래충, 먼지 등 이물 방지와 방충망, 출입관리는 제대로 이뤄지고 있습니까?
- 표준이나 절차가 있고 직원들이 잘 이행하고 있습니까?
- 낭비관리가 이뤄지고 낭비요소의 개선이 이뤄지고 있습니까?
- 설비의 선행적 예방관리, PM/일상점검이 시행되고 있습니까?

- 회사업무는 경험보다 시스템으로 운영되고 있습니까?
- 문제해결에 대해 직원 간 소통은 잘 되고 있습니까?

생산현장인 공장의 4요소는 ①안전(Safety) ②생산성(Production) ③품질(Quality) ④원가(Cost)입니다. 안전은 절대 요소이며, 생산성은 최대 또는 극대화가 목표이므로 설비종합효율이 좋아야 합니다. 품질은 최고이기보다 재현성이 우선되어 균질한 제품이 만들어질 때 믿음을 줄 수 있습니다. 원가경쟁력은 이익의 원천이고 생존의 본질입니다. 생산 현장의 성과관리는 P, Q, C를 바탕으로 체질 개선이 이뤄지는 것으로 진행됩니다.

[그림 17] 생산 현장의 성과 관리

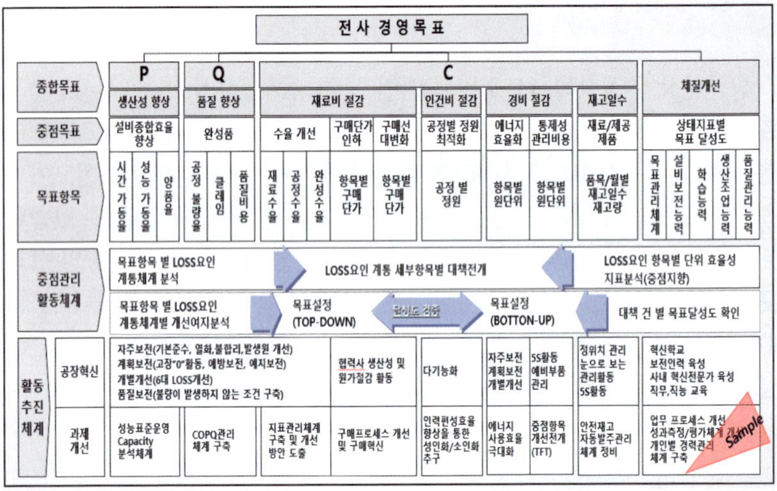

생산성 향상은 설비종합효율이 좋아야 하고 이는 설비의 시간가동률, 성능 가동률, 양품률 등과 연계되어 설비성능이 극대화되도록 하는 것입니다. 품질 안정을 위해서는 공정 불량을 줄이고 클레임이 발생하지 않도록 하고 특히 off-spec, 비정상품이 출고되는 일이 없도록 검수를 철저히 해야 합니다. 생산 현장의 원가 절감은 재료비, 인건비, 경비 외에도 재고를 최소화하고 물류 동선을 줄이는 것도 포함됩니다. 그 외에도 생산 계획, 검사 체계, 치공구 관리 등 프로세스 혁신이 필요한 모든 곳에서 일어날 수 있습니다.

생산 현장의 성과가 우수하려면 구성원의 체질 개선 또는 마인드가 중요합니다. 문제를 인식하고 변화 혁신에 대한 의지가 지속되고 실천될 때 성과가 우수하게 나타납니다. 직원들이 제안을 자유롭게 내고, 학습 열의가 있고, 낭비를 보는 눈이 있고, 문제를 해결하려는 의지가 있을 때 조직의 미래는 긍정적입니다. 회사를 방문하였을 때 직원들의 태도에 열정이 넘쳐나는 회사는 발전 가능성이 높습니다.

혁신활동은 문제 해결 과정이다

혁신활동은 문제 해결 프로세스라고 할 수 있습니다. 문제를 정의(Define)하고 현상을 계량(Measure)하여 근본 원인을 분석(Analyze)하고 개선(Improve)하여 지속 관리(Control)하는 사고와 행동 변화를 유도하는 활동입니다. PM(Phenomena physical mechanism) 분석이라고 하는데 "현상을 물리적으로 해석하여 메커니즘을 해석하고 이해하여 4M 관련성을 추구하여 요인해석하는 사고방법"입니다.

[표 23] PM 분석

용어	설명	Point
Define	문제가 무엇인가를 명확히 한다	문제 발견, 설정, 대상, 범위
Measure	필요한 사실을 수집, 측정한다	계획 수립, 수집, 정리, 목표 수립
Analyze	사실을 분석, 원인을 추구한다	사실 분석, 원인 추구, 검증
Improve	개선안 도출 및 실시한다	착상, 평가, 입안, pilot
Control	결과의 check와 follow-up 실시	결과 확인, 보완, 표준 작성, f/u

Define 단계는 현재의 우리 문제점과 개선 기회를 찾는 단계로 과제의 목표 및 범위 설정과 개선 계획을 위한 일정을 수립합니다. 팀 구성 및 이해관계자의 변화 관리 계획을 조정하는 것으로 현수준과 목표수준을 정해 과제 등록이 이루어져야 합니다. 과제등록서에는 과제명, 추진기간, 개선지표의 현수준과 목표수준, 회의 등 진행 방법, 추진 인원 역할 분담, 활동 배경(why)과 추진 방향(how), 정량적/정성적 경영 성과(개선금액), 지원 요청사항 등이 한 장으로 간략하면서 세밀한 사항이 기재됩니다. 과제 정의에서 문제점 기술을 위해 VOC(Voice of customer), 고객의 요구, 의견, 불만사항을 적극 반영합니다.

①문제를 발견한다
②문제를 설정한다

③문제의 중점을 파악한다
④문제해결의 목적, 범위를 명확히 한다

　Measure 단계에서는 필요한 사실을 수집, 측정하기 위해 조사계획을 수립하고 조사 방법을 검토합니다. 진단 항목별로 기준, 표준, 현물 등 바람직한 모습을 도출합니다. 바람직한 모습에서 벗어난 것이나 결함 등 불합리한 것은 데이터를 수집하여 테스트하여 개선 목표를 수립합니다.

[그림 18] Measure 도구

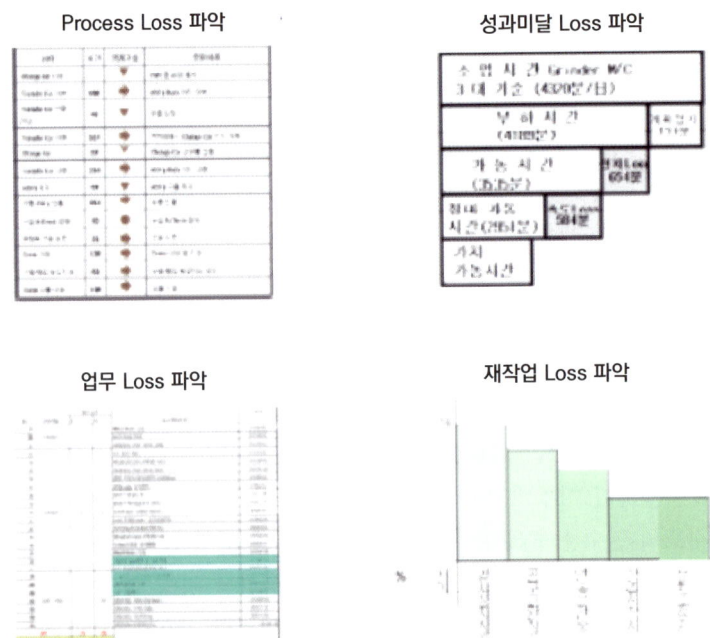

　Analyze 단계에서는 사실을 분석하고 철저히 원인을 추구하고 검증합니다. 원인 분석 도구로는 brain storming, 특성요인도, 연관도법, R-F 분석, 5Why, 4M, check list 등 다양한 방법을 활용합니다. 특성요인도는 fish-bone 형태로 작성하고 주로 경험에 의존하므로 핵심요인을 도출하는 데는 한계가 있습니다. R-F(result-factor) 분석은 현상과 원인을 구체화하는 것으로 널리 사용되는 방법입니다. 핵심원인이 발견되면 검증을 한 후 개선방향을 수립합니다.

Improve 단계에서는 개선안을 착상하고 평가합니다. 개선안에 대해서는 구체적으로 입안하여 이행계획을 수립한 후 pilot test를 실시하여 개선 효과를 파악합니다. 실행 결과는 정량적 및 개선금액 표시가 가능하도록 합니다.

[그림 19] Improve process

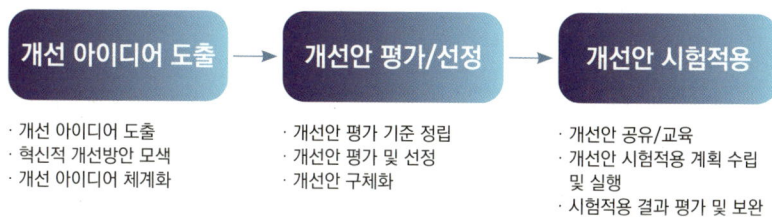

Control 단계에서는 실행 결과를 확인하고 미비점은 보완하여 표준서를 작성 및 개정합니다. 개선 결과를 지속적으로 유지관리하기 위해서는 프로세스에 반영하여 시스템화한 이후 교육을 실시해야 합니다. 일정 시간이 경과한 후 follow up하고 monitoring하는 것도 꼭 필요합니다.

문제 해결 프로세스가 완료되면 종료 보고서를 작성합니다. 보고서에는 정량화된 성과를 반드시 반영하도록 합니다. 그리고 교훈을 명확히 하고 목적하는 바가 제대로 이행되지 않을 경우에는 무엇이 잘못되었는지 반성하는 것도 필요합니다. 수행소감, 잘 되었던 점, 미흡했던 점도 정리하여 기록으로 남겨두는 것이 필요합니다.

3정5S에 대해 알아보기

3정 활동이란 "정품·정량·정위치로 무엇이 얼마만큼 어디에서 어떠한 상태로 있는가를 한눈에 보아 알 수 있도록 눈으로 보는 관리를 정착시키는 활동"이라고 할 수 있으며, 5S의 하나인 정돈을 실행하는 방법의 하나입니다. 3정 활동은 정상과 이상을 누구라도 한 눈에 알 수 있도록 하는 것으로 목시관리(VM1)라고 합니다. VM의 3대 원칙은 다음과 같습니다.

①"관리한계"를 표시한다
②"투명화"한다
③"시각화"한다

[표 24] 3정

구분	설명
정품 正品	재료규격에서 정한 재료 부품을 구입 사용 작업표준 준수하여 제품규격에 적합한 제품 생산
정량 定量	필요로 하는 수량만큼만 재료 부품을 구입, 보관. M/M 관리 정해진 수량만큼만 제품을 생산
정위치 定位置	사용하는 공구를 정해진 위치에 보관 자재창고나 제품창고에서 지정된 위치에 보관

5S는 모든 개선활동의 근간으로 정리, 정돈, 청소, 청결, 습관화를 말하며, 모든 낭비요소를 제거하여 효율을 극대화하는 것입니다. 5S 활동은 회사나 공장에 잠재한 낭비, 이상, 문제를 누가 보아도 한 눈에 알 수 있도록 현재화시키는 혁신활동의 출발점입니다. 5S 활동의 핵심은 습관화로 직원들의 마인드 변화가 수반되는 것으로 일회성 활동이 아닌 연속적이고 지속적으로 이뤄져야 그 효과를 제대로 달성할 수 있습니다.

---

1 VM(Visual Management), 목시관리

[표 25] 5S

5S	point	설명	활동방법
정리(整理) Seiri	불합리	필요한 것을 구분하는 것 불필요한 것을 버리는 기술	불급/불용/불요 선정 불용/불요품 처리
정돈(整頓) Seiton	불편	필요한 물품을 필요한 장소에 두는 것 찾는 낭비를 없애고 적정량 보관하기	보유품목/보유기준 파악 보관 위치 설정/표시, 방법개선
청소(淸掃) Seiso	오염/결함	더러움이 없는 상태로 만드는 것 점검으로 본래의 모습을 찾는 일	불합리 적출, 조치 발생원, 곤란개소 개선
청결(淸潔) Seiketsu	유지	깨끗한 상태로 유지하는 것 3S가 지켜지고 표준화	정리.정돈/청소 유지관리 눈으로 보는 관리(VM)
습관화(習慣化) Sitsuke	행동	정해진 것이 항상 지켜지는 것 Patrol, 사진전, 포스터, 발표회 등	현장관리기준 설정 상벌/분임조 활동

　5S의 기대효과를 보면 기업체질이 개선되면서 최고 회사가 되고 삶의 질이 개선되는 것을 알 수 있습니다. 5S에는 전문가가 없으며 모든 구성원이 솔선수범하여 행하는 것입니다. 5S의 성공조건에는 자주적 참가, 자주적 수행, 창의성, 책임성이 있습니다. 끊임없이 개선을 한다면 그 현장은 활력이 넘치고 미래 지향적이며 경쟁력을 갖추게 됩니다.

[표 26] 5S의 기대효과

기대효과	내용
Sales	고객으로부터 깨끗한 공장이라는 칭찬을 받는다 소문을 듣고 많은 사람들이 공장을 견학하러 온다 이런 회사에서 일하고 싶어한다
Saving	소모품이나 공구, 윤활유, 작업준비, 작업시간까지 무엇이든 절약된다
Safety	생산 lead time이 줄어 납기지연이 없다 넓고 밝은 작업장, 물건 흐름이 일목요연하다
Standardization	어느 작업장에 가든 즉시 작업할 수 있다 품질, cost는 안정되고 불량률을 낮춘다
Satisfaction	밝고 깨끗한 작업장에는 트러블이 없다 무엇이든 할 수 있다는 자신감이 넘치는 밝은 회사가 된다

5S는 이물, 부식, 흔들림, 누수, 누유 등 미결함을 제거하여 고장이나 불량 발생원을 제거함으로써 "생산성 향상"을 추구하고, 적정재고량을 유지하고 장소를 효율적으로 사용하며 물품의 분실을 없애 "원가절감"에 기여하며, 누구라도 쉽게 빨리 찾을 수 있고 업무절차 간소화, 필요수의 과부족을 없애 "업무능률 향상"을 유도하며, "안전환경 개선" 및 "사기향상"에도 기여합니다. 현장에서 수행된 실제 5S 활동사례를 보면 의외로 각 사업장에서 개선할 사항이 많고 이익내는 공장을 만들 수 있다는 것을 알 수 있습니다.

[표 27] 5S 활동사례

활동내역	개선사항	구분
지정 위치 점검/정점촬영	담당 구역을 점검하여 동일한 위치를 사진으로 찍어 두어 개선 전/후를 비교하여 변화의 중요성을 인식토록 함	습관
구획선 지정	공간의 효율성과 직원 안전을 위해 구획을 나눠 지정함	정리
설비도색 및 출입문 도색	환경개선을 위하여 설비 및 출입문 도색	청결
유체흐름 표시 관리	관내 흐름의 방향을 화살표로 관에 표시	정돈
공장동 출입문 개선	날벌레 등 유입방지로 품질관리 강화 및 공기순환을 통한 근무환경 개선	청결
식별표시 부착	필요한 것을 쉽게 찾아 사용할 수 있도록 각종 물품의 보관 수량과 보관 장소를 정해 그곳에 두고 표. Min/Max 관리	정돈
방충망, 깨진 창문 수선	공장 내 방충망 및 깨진 창문을 수선함	청결
오일 받이 설치	오일 누유 부위에 오일 받이 설치함	청결
cleaning 실시	공장 동 바닥에 오일 누유 자국 및 타이어 자국 등 cleaning	청소
폐기물 배출원 관리	원활한 폐기물관리가 이뤄지도록 낭비요소를 찾고 개선을 통해 원가절감에 기여토록 함	청결
누유개선 종합대책 수립	설비 신뢰성 향상 차원 등 oil 누유 문제 대책 마련	청결

일하는 방식을 바꿔야 살아남는다

경영성과로 인식하는 것은 정량화되어 재무제표에 반영될 수 있어야 합니다. 회사도 조직으로서 조직의 시너지를 낼 수 있도록 협업하는 것도 중요합니다. 특히, 이익을 추구하는 회사로서는 협업에 대한 성과로서 좋은 결실을 맺기 위해 일하는 데 있어 다음과 같은 인식이 반드시 필요합니다.

첫째, 기준관리입니다.
기준이 없으면 만들어야 하고 기준을 만들었으면 지켜야 하고 기준이 잘 못되었다면 고쳐야 합니다. 기준은 모두에게 인식되고 지켜야 하는 공동 규범입니다. 사람마다 기준을 모르거나 잘 못 인식하게 되면 기준은 없는 것이나 마찬가지가 됩니다. 그럴 경우 사람이 바뀔 때마다 일이 달라지고 시너지는 그다지 높지 않습니다. 소수의 사람 또는 관리자가 말하는 것이 기준이 되면 상황에 따라 수시로 바뀌게 됩니다. 그래서 모두가 인식하는 기준 관리가 매우 중요합니다.

많은 회사들이 기준 관리를 위해 ISO 경영 시스템을 도입하고 있는데 현실 따로 인증 따로 일하는 경우가 많습니다. 만들어진 기준은 구성원 모두가 인식하고 지켜져야 시너지가 발생합니다. 지키지 않을 기준이라면 없는 것이 나을 수도 있습니다. 프로세스마다 중요 기준에 대해 설정하고 모두가 같은 인식을 하도록 지속적인 교육도 필요합니다.

둘째, R&R(Role & Responsibility, 역할과 책임) 설정입니다.
조직이 커지면 세분화된 역할과 책임 범위가 있어야 합니다. 이때 권한 위임 문제가 발생합니다. 역할에 맞는 권한을 행사하고 배임이나 권한 남용을 하지 않는 것이 중요합니다. 조직의 리더는 회사 대표에게서 위임된 절제된 권한을 행사해야 합니다. 많은 보직자들이 위임된 권한보다 과도한 권한을 행사하면서 조직을 사유화하려는 경향을 보입니다. 일이 아니라 사람을 통제하려는 태도를 보이면서 불만과 분쟁을 야기하게 됩니다. 리더는 구성원들이 역량을 발휘할 수 있도록 지원하고 방향을 설정해 주는 사람임을 잊지 말아야 합니다.

또한, 일에 대한 각자의 역할을 명확히 하여 소홀하지 않도록 하는 것도 중요합니다. 형태가 반복되고 일정한 일은 프로세스를 만들고 활동과 산출물 등을 명시하는 것도 필요합니다. 고객 불만프로세스의 경우 불만 접수, 원인 분석, 재발 방지책 마련, 반품, 보상, 결과 보고 등으로 나누고 그 활동에 따라 누가 어떻게 할지를 정하면 될 것입니다. 물론 그 결과에 따른 책임 범위도 명확하고 그에 따른 평가를 해야 공평을 가지게 될 것입니다.

셋째, 공유 및 소통입니다.
조직에서 보고가 생명이라는 말이 있습니다. 인간관계에서도 마찬가지입니다. 많은 사람들이 보고에 대해 문서 및 서면보고를 생각하거나 태도를 얘기합니다. 주어진 일에 대해 잘되고 있는 경우에는 주기적으로 상황을 공유하고 잘못되거나 문제가 있을 때 즉시 전파하는 것뿐만 아니라 대책을 얘기할 수 있어야 공유를 제대로 한다고 볼 수 있습니다. 공유 및 소통은 정보전달의 의미도 있습니다. 매우 어려운 문제이지만 관련된 사람들에게 제때 필요한 사항의 정보 전달을 하는 것은 슬기로운 조직 생활을 하는 것입니다.

삼인성호라는 말이 있습니다. 세 사람이 있으면 없던 호랑이도 만들어 낸다는 말입니다. 많은 사람들은 객관적으로 판단하기보다 상당히 주관적이며 다른 사람의 말을 쉽게 듣는 경향이 있습니다. 그래서 공유 및 소통이 중요하다는 의미입니다. 하물며, 공동의 일을 함에 있어 공유 및 소통이 되지 않는다면 좋은 기대를 얻기는 어렵습니다. 기준을 벗어난 상태에서 일이 이뤄지고 공유가 되지 않는다면 무슨 일이 일어날까요?

넷째, 개선입니다.
궁극적으로 문제가 발생했을 때 해결하는 것은 일하는 기본 자세입니다. 문제를 회피하려 들거나 숨기려 하는 것은 올바른 자세가 아닙니다.

그리고 개선의 결과가 경영 성과로 연결될 때 회사는 지속가능한 조직이 될 것입니다. 개선 활동을 할 때는 적어도 다음과 같은 인식을 하고 있어야 합니다.

- 개선의 목적과 배경, 문제점 파악
- 개선 방식의 타당성
- 개선 결과에 대한 효과성 검증
- 개선의 유형효과

ISO에서 얘기하는 PDCA(plan, do, check, action) rule은 일하는 기본 태도입니다. 이 일을 왜 하는지, 어떤 문제가 있는지, 그것을 해결하려는 방법과 효과에 대한 검증이 이뤄져야 한다는 의미입니다. 그것이 제대로 진행되지 않으면 같은 문제가 반복될 수밖에 없습니다. 현상에 대해 얘기하기보다 원인을 찾고 이후 개선책이 실효성이 있는지 검증하는 과정이 있어야 올바로 일하는 자세라고 볼 수 있습니다.

여러분은 일을 함에 있어 어떤 방식으로 일하나요? 위에서 시키니까 하고, 지금까지 해 왔으니까 하고, 문제 현상에 대해서만 말하고, 문제를 문제로 인식하지 못하고 있지 않나요? 지금 하고 있는 일이 어떤 효과를 가져오는지 생각하나요? 다시 되돌아보면 기준 관리, R&R, 공유/소통, 개선에 대해 고민하면서 일하는지 생각해 보았으면 합니다.

개선은 나를 힘들게 하는 것을 바꾸는 것이다

조직의 기능이 생기를 찾고 깨물면 아픔을 느끼듯이 이상이 생기면 즉시 아픔이 느껴지고 곧바로 고칠 수 있는 시스템의 작동이 필요합니다. 개선은 기업이 이익을 내는 구조로 가기 위한 활동입니다. 개선은 낭비적인 동작을 부가가치를 내는 행동으로 바꾸어 가는 장기적인 활동입니다.

개선은 머리 좋은 사람의 전유물이 아니라 끊임없이 노력하는 현장 사람들의 몫입니다. 개선은 지혜를 쓰는 것입니다. 곤란을 느끼고 필요성이 있을 때 더욱 창출되는 것으로 과거의 경험과 지식에 얽매여서는 창조적 지혜가 나오기 어렵습니다. 개선은 머리로 하는 것이 아니라 몸으로 하는 것이며 몸과 마음으로 하면 진정한 효과가 나타납니다. 진정한 개선은 기업 체질을 고객 중심으로 바꾸는 것입니다.

무엇이 나를 힘들게 하는가? 이것이 개선의 시작입니다. 배우고 느끼고 깨달아서 개선하지 않고는 못 견디는 것이 개선인의 자세입니다. 안 되는 설명보다 될 수 있는 방법을 생각하고 즉시 하는 것이 중요합니다. 시간은 동작의 그림자이며 낭비 동작 뒤에는 낭비 시간이 존재합니다.

개선활동을 함에 있어서 하지 말아야 할 말은 다음과 같습니다. 능동적이고 긍정적이며 변하려는 자세가 필요합니다.

- 잘해 봐라! (비꼼)
- 난 모르겠다! (무책임)
- 그건 안 된다! (부정)
- 네가 뭘 아느냐? (무시)
- 바빠서 못 한다! (핑계)
- 잘 돼가는 데 왜 바꾸려고 하느냐? (무사안일)

- 이 정도는 괜찮다! (타협)
- 다음에 하자! (미룸)

개선을 위해서는 문제 해결의 목적, 대상, 범위를 명확히 하는 것이 중요합니다. **문제 해결은 인식 능력과 해결 능력이 결합**되어 나타납니다. 문제를 인식할 때 현상 파악이 중요하며 문제를 정의합니다. 문제를 정확히 인식하고 올바른 정의를 내리는 것이 문제 해결의 첫 번째입니다.

문제의 인식 능력 이후에는 문제 해결 능력이 작동합니다. 문제를 명확히 하고 현상 파악을 한 후에 원인 분석을 합니다. 원인 분석을 통해 가장 근본이 되는 개선의 실마리를 찾아갑니다. 개선안을 작성하고 우선순위에 따라 실행하면서 원인 검증을 합니다. 문제 해결 6단계를 통해 수립된 개선안은 표준화하여 지속적으로 유지해 나갑니다.

경영 성과로 인식하는 모든 것은 수치화하여 재무지표로 표시될 수 있어야 합니다. 특히, 개선에 관한 사항은 정량 효과가 산출되는 것이 중요하며 그 합계가 경영 실적에 반영되는 것이 필요합니다. 개선 제도에는 제안, 아차사고 제안, 개선 요청 등이 있으며, 모두 효과 산출이 가능하도록 형식이나 절차를 만드는 것이 중요합니다.

[표 28] 경영성과 수치화 예시

구분	산출식
생산(판매)량 증대	증가 물량 * 해당 UCM[2]
품질 개선	감소 물량 * 해당 UCM
원부재료 절감	절감량 * 구매(제조)단가
고정비 절감	실제 감소 비용

---

2 UCM(Unit of Contribution Margin), 공헌이익

정량 효과 또는 유형 효과는 반드시 효과성 검증 과정이 필요합니다. 정량 효과를 산출할 때는 재무 수치로 환산 가능한 금액이 대상이며 업무 처리 시간 단축 등 재무성과로 연결되는 것이 모호한 것은 제외해야 합니다. 실제 수익과 연결될 수 있어야 하며 정량 효과를 산출할 때 고려할 사항은 다음과 같습니다.

- 현금의 미래가치(순현금현재가치)는 고려하지 않는다.
- 매출증대에 따른 운전자본 증분 및 법인세 등 Tax 효과는 무시
- 관련 제안/개선을 실행함에 따른 기회비용은 고려하지 않는다.
- Sunk cost(기투자 회수불능금액)는 현금 흐름에 포함시키지 않는다.
- 잠식비용은 현금 흐름에 포함한다.

정량 효과 또는 유형 효과에 따른 보상 기준도 필요합니다. 효과가 모호하거나 정성적 판단이 필요한 경우에도 참가상이나 소정의 보상이 있어야 개선이 활성화될 것입니다. 효과가 당장 나타나지 않거나 검증이 불명확한 것은 보상을 미루더라도 확인되는 즉시 충분한 보상 기준에 따라 보상하는 것이 개선 효과가 탁월할 것입니다. 초기 개선 또는 제안자가 효과를 독식하는 구조는 바람직하지 않으며, 개선 과정의 참여도에 따라 지분 비율을 반영하는 것도 필요합니다.

개선 방법 또한 4M 기법 등 다양한 검토를 거치는 것이 중요합니다. 분야가 다를 경우에는 분야별로 검증 기준을 달리 적용할 수도 있습니다. 개선 보고서에는 목적과 배경, 문제 분석, 개선 방법, 효과 검증, 유형 효과 등이 반영되는 형태로 작성하는 것이 필요합니다. 유형 효과 산출 시에는 객관화되고 현실적인 효과여야 합니다.

[표 29] 개선보고서 사례

제목		☐HSE ☐Quality ☐Production ☐Cost
제안자		☐단독 ☐공동
목적/배경		
개선방법 (내용)		
효과검증		
유형효과 (산출식)		☐~백만 ☐~천만 ☐~1억 ☐1억+ 금액:　　　백만원/년

첨부: 위험성평가(HSE), Target, 비용분석 등　　　yy. mm. dd

공급망 관리, SCM 이해하기

기존의 제조기업들은 공급망 구성이 영업/판매 계획 따로, 공급/생산 계획 따로, 협력사의 자재공급계획 따로, 배송 등 물류시스템 따로, 재고관리 따로 구축되어 효율성이 떨어지는 경우가 많습니다. 4차 산업혁명 시대에는 이것들이 연결되고 최적화되어 하나의 통합망(Single plan)에서 판매 물량 예측, 생산 계획 반영, 자재확보, 생산 제품의 보관과 운송, 유통까지 일괄 관리되고 있습니다. 더 나아가 협력업체 등 기업 간의 시스템도 통합되어 단일 인프라로 소통 채널을 혁신합니다.

SCM[1]은 크게 '공급망 계획(SCP[2])'과 '공급망 실행(SCE[3])'으로 나눕니다. 또, 고객, 판매 부문의 SCM과 원자재, 부품 매입 부문의 SCM으로 구분하기도 합니다. 공급망 관리가 좁게는 구매/물류시스템으로 인식하는 데 물류는 실물 재고가 입고되고 출고되는 과정을 관리합니다. 하지만, SCM은 생산해야 하는 재고, 미래에 팔리는 재고, 미래에 팔리고 남은 재고 등도 관리하는 개념까지 포함합니다. 즉, 예측에 기반한 supply가 핵심입니다.

공급망 계획(SCP)은 제품에 대한 수요를 예측해 제품을 생산할 수 있도록 하는 시스템으로 수요 계획, 제조 계획, 유통 계획, 운송 계획, 재고 계획 등이 있습니다. SCP의 각 단계들은 서로 연계되어 정보가 전달되므로 실제 수요를 예측·파악해 계획을 수립하는 등 기업이 더 나은 의사결정을 할 수 있도록 도와줍니다.

공급망 실행(SCE)은 제품 판매와 유통과정에서 제품의 흐름을 관리하는 시스템입니다. SCE의 관리 단계에는 주문관리, 생산관리, 유통관리, 역물류관리 등이 있습니다. 제품의 주문에서부터 하자로 인해 반품되는 물건에 대한 역물류관리까지 각 단계에서의 재무정보를 파악하고 운영·관리할 수 있도록 합니다.

---

1 SCM(Supply Chain Management), 공급망 관리
2 SCP(Supply Chain Planning), 공급망 계획
3 SCE(Supply Chain Execution), 공급망 실행

SCM을 좀 더 세분하면 구매계획(planning), 조달(purchasing), 물류(SC Execution), 고객만족(Customer Service) 기능으로 나눌 수 있습니다. SCM은 고객의 니즈에 따른 수요 예측부터 구매/조달, 생산, 배송, 창고 관리까지 원활하게 운영되도록 하는 것입니다. SCM은 궁극적으로 생산 및 유통의 모든 단계를 최적화하여 수요자가 원하는 제품을 원하는 시간과 장소에 제공하는 것입니다.

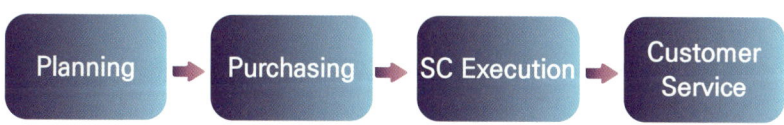

구매 계획(planning)은 마케팅에서 기획한 판매 예측에 대해 통계적 검증을 하고 타당성 분석을 하여 반영하는 것입니다. 판매생산계획(S&OP[4]), 통계적 수요예측 및 판매계획, 생산계획, 재고계획이 해당됩니다. 특히 판매예측 등 계획 단계에서 잘못되면 그 뒤로 계속되는 불합리 또는 낭비가 대량으로 발생하게 된다는 점에서 계획의 중요성이 크다는 것을 알 수 있습니다.

조달(purchasing)은 구매 담당들이 계획된 바대로 발주를 내고 납품관리를 하여 적기에 원부재료와 각종 소모성 자재(MRO[5])를 공급하는 것입니다. 생산 계획에 따른 적기 조달이 중요합니다. 자재가 부족해서 생산을 제때 못하거나 공급량을 맞추기 위해 자재가 들어올 때마다 분산 생산을 한다는 것은 낭비입니다. 또한, 필요 이상의 자재 과잉 조달은 지양해야 할 바입니다.

구매는 구매결정이 이뤄지면 현업에서 구매부서에 제출하는 구매요구

---

4 S&OP(Sales & Operation Planning), 판매&생산계획
5 MRO(Maintenance, Repair & Operation), 소모성 자재, 운영자재

서(PR[6])와 자재목록표(BOM[7])에 따라 구매계약(PO/POS[8])을 체결합니다. 계약에 따라 납품 또는 공사가 이뤄지면 입고검사나 준공조서를 승인하면서 종료되는데 이에 걸리는 시간, Lead time[9]으로 통상 관리합니다. 구매는 생산 원부자재, 소모성 자재(MRO), 공사 계약까지 포함합니다. MRO는 필기구부터 복사용지·프린터 토너 등의 사무용품이 대표적이며, 청소용품과 각종 설비나 장비를 정비하는 데 사용하는 공구, 기계부품에 이르기까지 매우 다양합니다.

물류는 공급망 실행(SC Execution) 또는 Logistics라고도 하는데 창고 관리(warehousing), 출하배송관리(delivery), 재고관리, 통관관리 등으로 구분합니다. 창고를 안전하고 효율적으로 운영하기 위해서는 유효기간 관리를 하고 SMS[10] 등 악성 재고 발생 시 영업이나 마케팅에 정보를 공유합니다. 창고 관리의 핵심은 최소 또는 적정재고를 유지하는 것입니다.

고객만족(Customer Service) 모듈은 고객 요구사항, 고객 응대, 주문접수, 매출 집계, 고객 서비스 관리, 오더 충족율, 납기 지원, 수금 등 고객과 관련된 사항들을 관리합니다. 긴급주문에 따른 잦은 계획 변경은 생산, 물류 부문의 업무 부담과 전체적인 비용을 증가시킵니다. 고객요구사항을 주문보다 먼저 장기추이에 따라 예측(forecasting)한다면 재고,

---

6 PR(Purchase Request), 구매요청서/확인서. 구매부서에 제출
7 BOM(Bill of Material), 자재명세서
8 PO(Purchase Order), 구매발주서, 납품처에 제출
  POS(Purchase Order Specification), 구매사양요구서
9 Lead Time, 구매기간
10 SMS(Slow moving stock), 무이동재고

납기 등 모든 모든 부문에서 놀라운 낭비 절감 효과를 볼 수 있습니다.

과거에 협력업체들은 주문과 발주 등을 팩스와 메일로 전송하였지만 ICT 확장으로 실시간 연동이 가능하게 되면서 SCM으로 발주 확인, 납기 지연, 주문 변경, 급발주 해소, 과잉 재고, 자재 결품 등 많은 문제들이 해결되고 있습니다. 기업 간의 연결을 통해 하나의 인프라를 통해 더 빨리, 더 쉽게 처리되는 등 시장의 역동성, 고객 요구의 다양화에 대응 가능합니다.

SCM은 제품 유통이나 협력 업체와 공조 등 전체 흐름을 중시합니다. 각 부문 간 공유를 강화하고 효율화와 최적화를 추구합니다. 부문 간에 수작업이 많을수록 오류 발생 가능성이 큽니다. SCM 구축으로 공유시스템을 통한 표준화와 의사소통의 최적화를 통해 부문 또는 협력업체와 연관된 사업 범위에서 가상조직처럼 결합이 가능합니다. 초연결 시스템으로 기업 간에 하나의 인프라를 만들 수 있습니다.

SCM은 하나의 통합망으로 영업/유통에서 미래에 판매할 물량을 예측하고, 그 예측을 기반으로 원부자재를 조달하고 생산계획에 반영하며, 생산된 제품은 물류망을 통해 창고를 거쳐 고객에게 운송하는 것을 일괄 관리합니다. 여기서 핵심은 매출 목표를 달성하면서 재고를 최소화시키는 것이며 나머지는 알아서 맞춰진다고 보면 됩니다.

각 기업마다 SCM의 정의는 바뀌겠지만 고객의 요청에 따라 물품의 제조에서 고객까지 도달하는 유통망, 가치 사슬을 체계적으로 효과적으로 관리하는 것은 변하지 않습니다. 고객의 요청을 미리 예측(forecasting)하는 것과 적기(JIT[11]) 조달까지 범위가 확장되고 기업 외부의 협력업체와 인프라 통합 등에서 차이가 날 수 있습니다.

---

11 JIT(just in time), 적기

의사소통 불일치로 잘못된 주문이 내려오고, 적정 재고가 확보되지 않아 판매를 놓치거나 판매량보다 많은 재고가 생겨 악성재고가 발생하면 타 부문에도 영향을 미치고 여러 가지 낭비가 발생합니다. 특히 과잉 재고는 근본 문제를 감출 뿐만 아니라 현금흐름에도 나쁜 영향을 줍니다. 이런 낭비를 줄이기 위해 SCM을 구축하고 운영지표를 관리하는 것입니다.

SCM 운영지표를 통해 상황을 빠르게 이해하고 개선시킬 수 있습니다. SCM 기반의 사업건전성 판단을 위한 KPI로는 판매계획 정확도, 판매이행율, 생산이행율, 적기출하율, 구매계획 정확도, 납기준수율, 재고일수, 장기재고율, 마감시간 준수율 등이 있습니다. SCM 구축을 통한 달성 효과는 다음과 같습니다.

- 수요예측을 통한 유통재고일수 감소
- 고객 납기 준수가 개선되면서 고객 만족도 향상
- 수요-공급 동기화를 통해 재고 감축
- 생산/포장 등 공급 계획 최적화 가능
- S&OP 이슈의 신속한 확인과 조치를 통한 경영 리스크 감소

SCM 구축을 위해서는 ICT 활용은 기본이며, 협력사 및 각 부문간의 제품코드, 프로세스 표준화가 필수적으로 동반됩니다. 기존 업무가 과감하게 축소되거나 없어지는 경우 등 표준화에는 반발이 따르기 마련입니다. 따라서, 경영진의 전폭적인 지원이 있어야 하고 업무 수행에 따른 자금 규모가 자유로워야 합니다. 일단 SCM 구축 업무가 진행될 경우, 왜 해야 하는지보다 그 성과가 어떻게 되는지에 대한 논의가 필요합니다. 지금까지 했던 일이 당연한 것이 아니라 무엇을 위해 그 일이 필요한지 논의가 필요합니다.

낭비는 불일치, 불균형, 불합리에서 발생한다

일이란 "이익을 창출하는 부가가치가 있는 행동"입니다. 스스로 보람을 느끼면서 일하는 것이 가장 바람직합니다. 자발적으로 창의성을 가지고 좋은 결과를 얻으려고 할 때 부가가치가 형성됩니다. 상사가 지시한 대로만 행동하고 기존 방식을 의심없이 관행대로 하면 부가가치가 있을까? 부가가치를 창출하는 일은 ①상품 개발 ②매출 증대 ③고객 확보 ④원가 절감 ⑤생산성 향상 등이며, 대부분의 직원들은 회의나 내부 처리 등 부가가치 없는 일에 몰두하고 있습니다. 원가를 의식해야 일을 되돌아보게 됩니다.

낭비를 제거하지 않으면 다른 부문에도 영향을 미쳐 원가 상승을 초래합니다. 과잉 생산의 문제는 수율 향상=원가 절감이라는 인식에 따라 이뤄지며 재고 증가, 금융 비용 증가로 이어집니다. 불량품이 출하되면 재작업 비용이 증가하고 불만 대응이 급증하며, 브랜드 가치 저하, 각종 운반 비용이 증가합니다. 끊임없는 변화 혁신으로 낭비 개선이 요구되는 이유입니다.

낭비는 3불에서 시작됩니다. 낭비란 이익이 나지 않는 것, 부가가치가 없는 것, 도움이 되지 않는 것으로 불일치, 불균형, 불합리 요인에 의해 수없이 발생합니다. 낭비 요소는 프로세스를 분해하면 낭비가 보입니다. 낭비를 제거하여 일상 업무 수행을 좀 더 편안하고, 정확하고, 쉽게 하며 비용을 절감하게 됩니다. 직원들이 낭비에 대한 인식을 하게 되면 그만큼 낭비가 줄어들게 됩니다.

[표 30] 낭비의 3요소

불일치(不一致)	불균형(不均衡)	불합리(不合理)
표준(기준)과 실제가 다름 • 변칙작업 • 임의작업 • Spec과 작업 조건이 다름 • Rule 미준수	제품 만들기의 불균형 • 일량의 불균형 - Line anbalance • 재공, 재고의 과다 • 비효율적인 작업 인력	비합리적인 방법 • 내적 요인: 제품 재취급, 작업 불편, 작업 곤란 • 외적 요인: 자재 공급 과잉, 취급 불편, 자재위치 불합리

    제조 현장의 낭비 요소는 매우 다양하며, 사소한 낭비가 쌓여 큰 낭비가 됩니다. 현장의 부가가치 창출 실질 작업량은 25%, 부대업무 50%, 대기 25% 정도라고 보면 됩니다. 왜 낭비를 줄여야 하는지 충분히 이해할 수 있습니다. 낭비를 낭비로 인식해야 개선이 이뤄질 수 있습니다. 다음은 제조 현장의 7대 낭비에 대해 살펴보겠습니다.

[표 31] 제조 현장의 7대 낭비

구분	공종	낭비요인	비고
과잉생산	정체	예상 생산, 과잉 설비, 로트(lot) 생산	수율 향상 요인, 낭비의 뿌리
대기	작업	차시 대기, 재료 대기, 부품 대기(부족)	결품, 준비 교체, 불량, 고장, 교환 등
운반	운반	체류, 우회 운전, 옮겨쌓기, 임시 보관	Space 과잉 사용, 운반 시간 증가, layout
가공	가공	정확도와 무관한 재가공	가공 공정수 절감
재고	정체	공간 증가, 운반 기구 증가, 부품 열화	재고는 모든 문제를 가린다!
동작	작업	부가가치 창출 없는 움직임(걷기 등)	작업 진행 방법 개선
불량	품질	원재료, 공수, 에너지 손실	불량의 발생 방지 및 차단(3현주의)

    과잉 생산을 막기 위해서는 필요한 양보다 더 많이 만드는 양적 과잉 생산과 필요한 때보다 더 일찍 만드는 시간적 과잉 생산을 통제해야 합니다. 과잉 생산은 낭비의 뿌리이지만 수율 향상과 재고 부족, 재료 낭비를 방지하는 효과가 있어 낭비로 쉽게 인식하지 않습니다. 생산 계획을 사전에 수립하여 평준화된 적정생산, 품질 안정화를 통한 적기 생산, 설비 안정화를 통한 예정 생산으로 과잉 생산을 줄일 수 있습니다. 준비 교

체 시간 단축, lot 분산 생산 등 생산 관리를 체계적으로 하는 것이 필요합니다.

계획 생산에서는 생산 계획을 조기 수립하고 생산 목표량을 설정합니다. 초과/부족 생산 시 보고 기준과 보고 의무를 부과합니다. 또한, 최소 생산량, MOQ[12] 기준과 MTS/MTO[13] 기준을 마련하는 것이 좋습니다. 고객별 수년간 사용 grade, 용도 등 분석을 통해 수요 시기에 맞춘 적정 재고를 사전 확보하거나 생산량을 조절하여 납기(delivery) 단축도 가능합니다. MTO 경우에도 납기 기일에 맞춰 미리 생산에 반영합니다. 가장 중요한 개념은 적시생산방식, JIT(Just in time)를 통하여 재고를 최소화하는 것입니다.

대기는 사람, 설비뿐만 아니라 원료, 자재, 운반, 제품의 대기 등 광범위하게 존재합니다. 기계가 작동하고 있는데 아무것도 하지 않는 것 또한 대기의 낭비입니다. 공정 간 작업량을 맞추거나 layout 조정, 작업 표준화 등 낭비 제거 요소가 많은 분야가 대기 낭비입니다. 대기 낭비는 Bottle-neck을 해소하고 자동화, 평균 생산, 외준비 작업 등을 통해 개선할 수 있습니다. 무엇보다 제품 불량, 자재 결품, 설비 고장이 없도록 사전 관리와 예방 점검이 매우 중요합니다.

운반은 기본적으로 부가가치가 없는 일이며 아무리 운반을 해도 부가가치는 붙지 않습니다. 운반의 낭비에는 불필요한 운반, 제품의 이동, 부자재 이동, 원거리 이동 등이 있습니다. 옮겨 쌓기와 임시 보관은 대표적인 운반 낭비입니다. 생산 계획의 잦은 변경에 따라 원료, 부자재 이동이 빈번하게 일어납니다. 계획 생산을 하거나 운반을 생략하거나 layout 개선, 흐름 최소화가 필요합니다. 대차 방법이나 운반 도구를 개선하거나

---

12 MOQ(minimum of quantity), 최소 생산량
13 MTS(Make to Stock), 계획생산/재고비축생산
   MTO(Make to Order), 주문가공생산

운반량을 조절하는 것도 방법입니다.

　가공은 그 자체가 낭비입니다. 불필요한 공정과 목적에 맞지 않는 작업이 마치 필요한 것처럼 생각되는 것이 가공이므로 그 자체의 개선에 초점을 맞춰야 합니다. 작업방식이 한 번 결정되면 그 본질 기능이 잊히면서 '작업한다'는 단순 행위만 남게 됩니다. 고객의 요구와 상관없는 가공뿐만 아니라 작업 내용을 재평가하여 가공 공정 수 자체를 줄이거나 공구 개선과 자동화, 표준화를 통해 개선하도록 합니다.

　재고는 정해진 수량 이상으로 보유하는 상태를 말하며, 모든 문제를 숨겨버립니다. 재고가 쌓이면 공간이 확대되고 차량 등 운반기구가 증가합니다. 시간이 지나면서 제품의 열화 및 가치 저하를 가져옵니다. 무엇보다 재고는 장기간에 걸쳐 손실이 반영되므로 문제를 당장 알기 어렵게 만듭니다. 재고가 증가하는 요인은 주문변경, 과잉 생산, 오생산, 생산계획 변경, 선입선출(FIFO[14]) 미적용, 과도한 안전 재고 확보 등 매우 다양합니다. 결론적으로 "재고는 모든 문제의 근원이다"라고 할 수 있습니다.

　동작 낭비는 가장 흔한 부가가치 없는 낭비입니다. 사람뿐만 아니라 설비 또는 기계의 불필요한 동작도 포함됩니다. 움직이는 것과 일하는 것에 대한 차이를 분명히 해 둘 필요가 있습니다. 동작 낭비를 줄이기 위해서는 작업 진행 방법을 개선하고 표준 작업 설정과 3정5S[15]를 실천하는 것이 필요합니다. 동작의 무리, 불균형, 작업 자세 불량, 부품 조달의 불일치, 설비나 공구의 배치(layout) 등을 개선하는 것도 필요합니다.

　불량은 제품 기준에 도달하지 못한 것으로서 공정 불안정, 표준작

14　FIFO(First in, first out), 선입선출
15　3정: 정품, 정량, 정위치
　　5S: 정리, 정돈, 청소, 청결, 습관화

업 미설정 또는 미준수, 설비 부적합, 4M(Man, Machine, Method, Material) 차이에서 기인합니다. 불량품을 가공, 생산해서 수정하는 작업은 원가를 높이는 비 부가가치 작업입니다. 검사를 강화하는 것보다 불량의 근본 원인을 찾아 해결하는 것이 올바른 태도입니다. 철저한 3현주의(현장, 현물, 현실)를 바탕으로 분석, 개선, 확인을 반복합니다. 불량 제품을 다음 공정으로 보내거나 정품으로 처리하는 것은 기업의 미래를 잠식하는 행위입니다.

생산 현장에서는 각 공정별로 낭비 요인을 분석하는 것이 필요하고 아래 현장의 낭비 제거를 위한 다양한 활동 사례를 살펴서 우리 현실에 맞는 과제를 실천해 보세요!

- Grade change 횟수 및 시간 단축
- 재생원료 투입 확대를 통한 원재료비 절감
- 연속 생산의 필름 파단(찢김/터짐) 발생 횟수 개선
- Oil 누유 개선: 누유의 원인과 기계 특성 파악
- 포장 변경으로 원가 절감: Box 골판지 type 변경, Box 포장을 wrap 포장으로 변경
- 목재 파레트를 재활용 가능한 bundle pallet으로 변경
- 폐기물 배출원 추적 관리를 통해 폐기물량 감소
- Slitter bottle-neck 해소를 통한 생산성 향상
- 누수 point 해소를 통한 용수 비용 절감
- 전기나 동력이 필요 없는 낙하 기구를 활용한 사례
- 불량의 조시/석시 활동으로 그날 발생 불량 실물 전시
- B급 제품의 처리와 활용 방법 개선
- 공정수 축소와 단축
- 지정 위치의 주간 점검 및 정점 촬영을 통한 5S 활동
- 바코드 라벨 재질 변경
- 파레토 법칙을 활용한 품질 불량 중요 요인 축소

낭비 요인을 줄이면 원가 절감 또는 생산성 향상과 연결될 가능성이 큽니다. 낭비를 줄이거나 개선을 하게 되면 그 결과는 회사 이익에 연결되어야 합니다. 낭비를 줄였음에도 원가에 반영되지 않는다면 부가가치 있는 행위라고 할 수 없습니다. 나의 행동이 부가가치 있고 불필요한 원가 낭비가 되고 있지 않은지 항상 되돌아보는 습관을 가져야 합니다. 그래야 좋은 회사로, 지속 가능한 회사로 유지될 것입니다.

재고는 모든 문제를 가린다!

재고는 적정 재고 이외에 다양한 사유로 증가합니다. 생산 요인은 원부재료 과다 비축, 과잉 생산, 생산 계획 변경 등이 있습니다. 품질 요인은 제품의 B급 판정 후 관리 소홀 등의 사유가 있습니다. 영업 요인은 생산 중 주문 변경, 과도한 안전 재고[16] 요청, 미판매, 반품 등이 있습니다. 그 외에도 관리 미흡, 선입선출 미준수, 출고지연 등으로 증가합니다.

재고 중에서 가장 나쁜 사례는 불량 재고를 정상 재고로 처리하여 장기간에 걸쳐 손실 처리하는 경우입니다. 생산성 향상을 위해 수율이나 불량률 지표를 관리하는 경우가 많은데 기준을 벗어난 제품을 임의로 정상 제품으로 처리하는 사례가 있습니다. 이런 행위가 반복되는 현장은 믿음을 저버리는 것으로 미래를 기대하기 어렵습니다. 문제를 찾아 해결하는 것이 아니라 문제를 덮어버리는 것으로 기업에 많은 손실을 가져오게 합니다.

재고 낭비를 줄이기 위해서는 영업의 수요 예측과 Forecasting 능력을 가지고 안전 재고 또는 적정 재고 계획을 수립하고 운영하는 등 재고 관리 기준과 정책을 가지고 있어야 합니다. 생산에서는 M/M[17], SMS[18] 기준을 가지고 있어야 합니다. 재무적으로는 장기 손실 반영(대손상각), 재고 회전율 또는 재고 회전기일 관리를 지속적으로 추진해야 합니다. 장기 손실 정책이 없을 경우 재고 손실은 조용히 지속적으로 발생합니다. 초과 재고는 발생 즉시 원인을 찾고 해결해야 손실을 줄일 수 있습니다. 재고전략에서 중요한 것은 delivery 고려한 적기 공급 생산, JIT에 맞춘 최적 재고를 구축하는 것입니다.

생산 계획 수립 시에 출하 예정일을 표시하도록 하는 것도 중요합니다.

---

[16] 안전 재고=완충재고: 보유하고 있어야 할 최소 수량 재고
　　주기 재고: 정해진 주기에 따라 창고에 보관해 두는 재고
[17] M/M(Minimum/maximum): 최소량/최대량
[18] SMS(slow moving stock): 느린 순환 재고

해당 제품의 납기일 평균에 맞춰 생산량을 조정하여 적정재고 수준을 유지하는 것도 중요합니다. 적정 재고는 M/M(최소량/최대량) 기준에 따라 판매량의 일정 비율만큼 비축해 두는 것이 필요합니다. 또한, 만들어진 제품이 장기화되지 않도록 보관 기일 기준을 만들고 기일을 초과할 경우 영업에 즉시 통보하는 것도 필요합니다.

경영자는 재고 정책을 확고히 하여 기준을 벗어나지 않게 재고유지토록 하는 것이 매우 중요합니다. 원부재료, 중간재, 제품 재고에 대해 매월 M/M을 벗어나는지 관심을 갖고 관리해야 합니다. 그 기준을 벗어나는 것이 일상화된다면 많은 문제를 안고 회사를 운영하게 됩니다. 또한 기준을 벗어난 재고에 대해서는 원인을 찾고 조속히 해결해야 합니다. 초기에, 지속적으로 재고 기준을 벗어나지 않도록 관리하는 것은 재고 낭비를 줄이는 길입니다.

[표 32] 재고관리기준

구분	분류	기준	R&R	기준초과대책
원부재료	원료/부원료	2개월	물류팀	사용가능한 재료는 기한 설정 사용불능 재료는 매각/폐기
	포장재	1개월	기술팀	사용가능한 재료는 기한 설정 사용불능 재료는 매각/폐기
반제품	M/R	1개월	생산팀	발생원인분석과 대책수립 의무화 3개월 초과시 50% 충당금 반영
	재공품	2개월	생산팀	발생원인분석과 대책수립 의무화 3개월 초과시 50% 충당금 반영
제품		3개월	영업팀	발생원인분석과 대책수립 의무화 충당금 반영(3개월 30%, 6개월 SMS 50%)

SMS 및 불용 재고처럼 악성 재고가 발생하지 않으려면 매월 또는 주기적으로 발생 원인과 대책 수립을 의무화하거나 보고하도록 하는 것이 좋습니다. 수량만 보지 말고 상세하게 개별 건별로 발생 원인을 확인하는 작업을 해야 합니다. 지속적으로 관리하지 않으면 재고는 언제든지 쉽게

늘어날 수밖에 없습니다. 손실 예방을 위해서는 정상 재고 기준을 정하고 초과할 경우에는 손실 반영을 위해 충당금을 주기적으로 반영할 필요가 있습니다.

영업 사원은 판매 제품의 재고 파악이 선행된 후에 영업에 임해야 합니다. 그리고 본인이 판매할 물품의 생산 계획과 실적을 파악한 후에 판매에 임해야 합니다. 또한 재고품이 장기 재고 및 SMS가 되지 않도록 관리해야 합니다. 장기 재고가 지속적으로 일정량 생성되는 현장에서 그 사유를 찾아 해소하는 것만으로도 영업 실적 개선에 큰 영향을 준다는 점을 잊지 말아야 합니다.

재고 관리가 잘 이뤄지는 회사는 제품 적재와 보관하는 창고 관리가 잘 되어 있으며, 월 단위로 재고 파악을 하여 장기 재고 및 SMS 발생을 사전에 차단하도록 판매와 밀접한 협력을 하고 있습니다. 또한 불량 재고의 대손 처리 등 상각 절차가 투명하게 이뤄집니다. 악성 재고가 지속적으로 발생하는 회사는 미래를 담보하기가 어렵습니다.

주문 생산과 판매 정책에 따라 재고가 적정하게 유지되도록 관리하는 것은 매우 중요합니다. 주문 생산의 경우 납기일에 맞춰 생산되므로 재고가 거의 발생하지 않습니다. 비축 재고 또는 주기 재고는 출하 및 생산 주기에 맞춰 평잔고 수준과 M/M을 유지하는 것이 필요합니다. 월 단위 생산과 월중 수시 출고가 이뤄지는 경우에는 판매량의 20~50%(평균 35%)의 재고를 유지하는 것이 바람직하다고 볼 수 있습니다.

구매계약의 투명성을 확보하는 것은 매우 중요하다

　기업에서 윤리경영을 위반하거나 비리의 빈도가 가장 많이 일어나는 조직은 판매영업, 구매계약, 인사총무 부문이라고 할 수 있습니다. 이해관계가 가장 많이 부딪치는 조직의 투명성이 기업의 문화라고 볼 수 있습니다. 회사의 윤리경영 시스템 체계가 잘 갖추어져 있다면 큰 문제 없이 지나갈 수 있지만 특히 구매계약 부문은 접대나 금품수수 면에서 가장 빈번하게 일어나는 부문이므로 업무 프로세스를 명확하게 하는 것이 중요합니다.

　구매계약 업무에서 가장 중요한 핵심은 구매검토 과정이라고 할 수 있습니다. 구매요구에 따른 구매계약을 하기에 앞서 납품처를 비교하고 선정하는 과정의 투명성이 확보되는 것이 매우 중요합니다. 소량이나 소액 구매에까지 적용하는 것은 어렵지만 주기적이고 대량 구매계약을 할 때 납품처 선정의 투명성은 매우 중요합니다.

- 비교군 선정
- 이원화(dual), 다원화
- 납품주기 투명화

　비교군 선정에서 계약 담당자의 영향력은 매우 강력합니다. 특정업체를 포함하거나 들러리를 내세우고 특정 업체 밀어주기를 할 수 있습니다. 이런 병폐를 없애기 위해 특수한 사정이 없다면 여러 업체의 평가를 통해 통상 3~5개의 비교군을 선정하고 비교표를 작성하도록 합니다. 신용도 등 객관적인 데이터 위주의 비교표가 되어야 할 것이며 그들에게 공정한 기회를 제공하는 것이 중요합니다. 특히, 입찰에 불참한다면 불참 사유서를 확보하는 것도 중요합니다.

　납품자의 이원화 및 다원화는 꼭 필요한 정책입니다. 특정 업체에 노사, 물류, 기타 사유로 납품할 수 없는 사정이 생겼을 때 즉시 대체 가능하도록 하는 것은 구매 계약의 기본 업무라고 할 수 있습니다. 이원화 및 다원화를 하여 얻는 이점은 표준화가 가능하다는 것이고 계약업체의 횡포를 막을 수도 있습니다. 상대와 서로 균형과 견제가 가능하다는 것이 장점이나 지나친 경쟁은 불필요한 오해를 낳을 수도 있습니다.

거래처와 계약이 이뤄질 때 납품 주기를 투명하게 하는 것도 매우 중요합니다. 특정 요일을 지정해 납품하도록 하면 업무 효율성이 향상될 것입니다. 이원화된 업체가 서로 겹치지 않게 할 수도 있습니다. 납품주기가 투명해지면 업무도 간소화되고 담당자가 변경되더라도 즉시 변경사정을 확인할 수도 있습니다. 약속된 기일, 시간에 정해진 물량이 입고될 수 있도록 하는 것은 낭비를 최소화하는 것입니다.

구매 계약 담당자는 한곳에서 동일한 업무를 장기간 수행하지 않도록 하는 것도 중요합니다. 일정 기한이 지나면 업무를 교체하도록 제도화하여야 합니다. 고인 물은 반드시 썩기 마련이므로 구매계약 업무에서는 업무의 투명성 확보가 제일 중요합니다. 업무 교체가 어렵다면 계약의 타당성을 검증하거나 이해관계 있는 부서에 계약 과정을 투명하게 공유하는 절차를 마련하는 것도 필요합니다.

조직은 통상 보안을 이유로 정보 공유를 하지 않는 특성을 지니고 있습니다. 그러한 정보의 비대칭에 따른 불투명성이 담당자에게 권한을 부여하게 되고 그 결과 비리에 노출되는 경향이 있습니다. 특히, 구매계약에서는 일상적으로 이뤄지는 바이므로 내부 감시를 제도화하는 것이 반드시 필요합니다.

진정한 리더란 무엇인가?

조직의 목적은 사람들을 같은 방향으로 집중시키고 끌어가는 것입니다. 따라서, 조직의 목적을 구체적으로 만들어야 합니다. 이익은 목표가 아니라 결과이며 수익에 집중하는 경영은 수익 목표를 달성하면서 그 차이를 잊게 됩니다. 모든 사업의 진정한 목표는 고객을 위한 가치를 창조하고 그 결과가 수익에 연결되도록 하는 것입니다.

문제를 인식하고 지속적으로 개선하는 일은 기업의 절대 사명입니다. 문제를 인식하지 못하는 기업은 머잖아 수명을 다할 것입니다. 가치 사슬에서 낭비 요소를 찾고 우리에게 본질적인 가치를 제공하는 고객의 요구사항을 정확하게 읽고 반영할 필요가 있습니다. 한정된 자원에서 최대의 효과를 달성하기 위해 계획과 목표를 수립하고 핵심 요소에 집중적으로 자원을 투자하는 것이 필요합니다.

리더의 자리는 결코 누리는 자리가 아닙니다. 조직의 사명과 비전 달성을 위해 헌신하고, 부하 직원들을 믿고 존중해야 하는 자리입니다. 생텍쥐베리가 쓴 『어린 왕자』라는 책에 다음 글이 있습니다. "당신에게 보물섬 지도가 있다면 사람들에게 '산으로 가서 나무를 베어라. 배를 만들고 노를 저어라!'라고 외치지 말고, 보물섬에 다녀와서 누리게 될 가치에 대해 이야기하라. 그리하면 스스로 나무를 베고 노를 저을 것이다. 그것도 매우 열심히!"

경영자가 직원들에게 전하는 가치, 그것으로 형성되는 문화는 행동으로 연결됩니다. 자신의 회사가 어떻게 되고 싶은지, 무엇을 지향하는지를 알도록 해야 합니다. 경영자와 직원들의 머릿속에 핵심가치와 경영방침이 포함된 전체 설계도에 미래 가치가 있어야 합니다. 그래야 직원들의 행동으로 연결된 기업 문화가 만들어질 것입니다. 회사의 기업문화는 경영자들의 마인드와 같다고 할 수 있습니다.

리더가 직원들을 함께 가는 동료로 생각하지 않는 태도는 조직을 위험하게 만듭니다. 많은 리더들이 조직의 목적과 방향을 잃은 채 자기 권위를 찾기 위해 직원들을 활용하려고 합니다. 권위적이고 독선적이고 심지어는 조직을 사유화하려는 경향을 보입니다. 상대를 존중하고 배려하는 자세로 그 직위를 잃었어도 찾는 사람이 되어야 진정한 리더입니다. 공동의 목표를 향해 함께 가는 협력자로 생각하는 것이 매우 중요합니다.

회사의 경영자는 직원들이 추구해야 할 가치와 목표를 설정하고 같은 방향으로 직원들을 이끌고 나가야 합니다. 물론 그 결과에 따라 누리게 될 가치도 함께 공유하는 것도 필요합니다. 조직의 리더 또한 동일한 목표를 토대로 직원들을 배려하고 이끌어 가야 합니다. 그것의 합계가 기업 문화로 자리 잡게 됩니다. 리더가 독선적이고 권위적인 문화에서는 기업의 성장은 물론이고 영속 가능성도 낮아집니다.

수많은 기업들이 생성과 소멸을 반복하고 있습니다. 기업의 생성 초기에는 직원들 모두 희망을 품고 에너지가 강해 생존하기에 유리하지만 소멸되는 소기업들은 대부분 경영자 리스크로 사라지는 경우가 많습니다. 경영자 또는 주요 관리자들이 자신의 이익에 충실해질수록 직원들도 자신의 이익에 충실해지면서 더 빨리 소멸할 가능성이 높습니다. 기업에서 리더는 경영 시스템을 만들고 변화혁신활동과 리스크 관리를 하면서 직원들과 함께하는 사람이어야 조직의 생명력은 강해질 것입니다.

윤리경영을 통해 밝고 건강한 회사를 만들어 간다

윤리경영은 투명하면서 밝고 건강한 회사를 만들어 갑니다. 윤리경영은 ISO37001 규격의 시스템으로 운영이 가능합니다. 윤리경영체계의 윤리규정은 윤리헌장, 윤리강령, 윤리경영 실천지침으로 구성할 수 있습니다.

윤리헌장은 정도경영이 기업경쟁력의 원동력임을 깊이 인식하고, 정직과 신뢰의 기업문화를 조성하기 위해 모든 임직원이 지켜야 할 가치판단과 행동의 기준입니다.

- 우리는 직무를 수행함에 있어 정직과 신뢰를 바탕으로 사내 윤리규정을 실천하고 비즈니스 제반 법규를 준수함으로써 기본과 원칙에 충실한 건전한 기업문화 조성에 앞장선다.
- 고객을 존중하고 고객과의 신용을 중시하며, 고객가치를 창출할 수 있는 우수한 제품과 서비스를 제공함으로써 고객감동을 실현하고 고객신뢰를 확보한다.
- 우리는 모든 사업활동에서 정당한 방법으로 경쟁하고, 공정한 거래를 통해 상호신뢰와 협력관계를 구축하여 상호간의 공동이익과 발전을 추구한다.
- 우리는 임직원을 하나의 인격체로서 존중하고 개개인의 창의성이 충분히 발휘되도록 최선을 다하며, 공평한 기회제공과 공정한 평가를 실천한다.
- 우리는 합리적 사업활동을 통해 건실한 기업으로 성장함으로써 주주의 이익을 보호하고 고객의 쾌적하고 풍요로운 삶의 창출과 사회발전에 공헌한다.

윤리강령은 임직원이 지켜야 할 올바른 행동과 가치판단의 기준으로 경영원칙에 따라 고객과의 약속을 지키고 믿음을 주는 경영을 펼치는 규범입니다.

- **(임직원의 기본윤리)** 건전한 기업문화 정착, 성실의무 이행, 공정한 직무수행
- **(고객에 대한 자세)** 고객존중, 신용중시, 가치제공
- **(공정한 거래와 경쟁)** 법규 및 상관습의 존중, 공정한 경쟁, 공정한 거래, 공

동의 이익과 발전의 추구
- **(임직원에 대한 책임)** 인간존중, 인재의 육성, 공정한 대우, 건강·안전에 대한 책임
- **(기업의 사회적 책임)** 국가·사회 발전에 공헌, 주주의 보호, 환경보호, 정치적 중립

세계적 기업으로 지속 가능하기 위해서는 기업의 사회적 책임과 그 구성원들의 청렴성이 확보되어야 합니다. 그러나 전 세계 여러 국가에 근무하면서 광범위하고 다양한 법규를 알기는 어렵습니다. 따라서, 윤리경영 실천지침은 법규 이전에 지켜야 할 행동원칙과 실천사항을 규정하기 위한 것으로 관련 법규를 숙지하지 않더라도 법규를 위반하는 일 없이 각자의 업무를 수행할 수 있도록 안내하는 지침서입니다.

- **(회사에 대한 책임과 의무)** 회사자산 보호/정보 보호/이해 상충
- **(임직원 상호간의 윤리)** 상호 존중/금품 수수 금지
- **(업무에 임하는 자세)** 조직문화/업무 수행/안전/품질
- **(이해관계자와의 관계)** 주주/고객/협력업체/경쟁사/관계사
- **(사회적 책임)** 환경보호/정치적 중립

윤리경영을 실천하기 위해 임직원들에게 윤리경영 실천서약을 통해 실천을 강제할 수 있습니다. 다음은 윤리경영 실천서약서의 사례입니다.

본인은 회사의 윤리강령 및 실천지침을 충분히 읽고 숙지하였으며, 회사가 지향하는 윤리경영에 적극 동참하여 윤리규정을 성실히 준수할 것을 서약합니다.

- **금품/접대/편의 수수금지**
    1) 이해관계자로부터 금품/접대/편의 등을 요구하거나 제공받지 않는다.
    2) 이해관계자에게 금품 또는 통상적 범위를 벗어나는 접대/편의를 제공하지 않는다.

* 이해관계자: 업무수행에 직간접적으로 영향을 받을 수 있는 임직원, 고객사, 협력사, 국내외 공무원 등

- **이해관계자와 금전거래 금지**
    1) 이해관계자와 채무거래 (금전대차, 보증 등)를 하지 않는다.

- **회사재산 및 중요정보 보호**
    1) 회사의 유무형 자산을 보호하여야 하며 사적인 목적을 위해 사용하지 않는다.
    2) 회사의 이익에 영향을 미칠 수 있는 정보를 외부에 유출하지 않는다.

- **업무상 지위와 권한을 남용하여 부당한 이득을 얻거나 사손을 끼치는 행위 금지**

공유와 소통은 인간생활의 밑바탕이다

　공유와 소통은 인간생활의 가장 밑바탕입니다. 회사생활도 인간생활의 한 부분이므로 동일하다고 볼 수 있습니다. 일을 함에 있어서 시작과 끝뿐만 아니라 중간과정을 수시로 공유해야 합니다. 조직생활에서 '보고가 생명'이라는 말이 있듯이 보고는 상하 관계에서 기본입니다. 보고 중에는 가장 효과적인 것이 대면 보고입니다. 회의는 대면보고의 일환입니다. 대면보고가 여의치 않을 경우에는 문서나 메일, 유선으로 할 수 있습니다.

　대개 회의가 많은 회사는 좋은 회사라고 할 수 없습니다. 문제가 발생하니까 소통을 하기 위해 회의를 하는 것이므로 회의가 많다는 것은 조직 내에 그만큼 소통이 잘 되지 않고 문제가 많다는 뜻입니다. 회의 방식도 문제입니다. 내용을 사전에 공유하지도 않고 모여서 장시간 얘기할 뿐만 아니라 특정인만 줄기차게 얘기하는 것은 매우 경직된 조직이거나 권위적인 회사일 것입니다.

　회의를 진행할 때는 다음과 같이 하는 것이 좋습니다.

- 주관자를 지정하여 형식과 양식을 통일시킨다.
- 회의 전에 공유할 자료는 사전에 배포한다.
- Agenda는 1~2장으로 짧고 간결하게 요약한다.
- Agenda는 문제해결방식으로 접근하고 실행자를 지정한다.
- Agenda는 원인/배경, 대책, 효과가 명시되어야 한다.

　규칙을 지키지 않으면서 욕망이 가득한 사람들의 대화는 서로에 대한 믿음이 없기 때문에 사소한 트집이나 말꼬리를 잡고 거친 언어를 사용합니다. 〈기생충〉이라는 영화에서 박 사장의 억울한 죽음은 열등감과 자존심에서 비롯된 것입니다. 대부분의 사람들은 존중받기를 원하지만 현실은 그렇지 않은 경우가 많으며 사소한 자존심을 사유로 상대방에 대해 위해를 가하는 일이 빈번하게 일어납니다.

 말을 하기보다 듣는 것이 훨씬 어렵습니다. 서로가 많은 말을 하려고 할 때 대화가 어렵다고 느낍니다. 소통은 상대방이 듣기를 원할 때 자연스럽게 이뤄집니다. 많은 말을 하지 않아도 소통이 잘되는 사람이 있습니다. 그만큼 열린 마음과 듣는 자세에서 소통이 원활하게 이뤄집니다.

 상식과 원칙, 상대에 대한 존중의 마음이 있다면 바람직한 대화가 가능할 것입니다. 공유와 소통이 잘되는 회사는 성장 가능성이 높습니다. 쌍방향 열린 대화가 가능할 때 수평적 문화가 형성됩니다. 그래서 관리자들에게 communication skill 교육을 필수과정으로 이수토록 하는 것도 필요합니다.

업의 본질과 R&R 알아보기

회사에서 일을 하다 보면 열심히 했는데 성과로 연결되지 않는 경우가 있습니다. 그것은 업의 본질과 무관하거나 부가가치가 없는 일을 했기 때문입니다. 모든 조직에는 R&R[1]이 설정되어 있어야 합니다. R&R이 제대로 설정되어 있지 않거나 잘못된 경우 성과로 연결되기가 어렵습니다. 대부분의 회사에서 사명감을 갖고 일하는 직원들은 드물어서 R&R에 따라 일할 수 있게 구성되어야 합니다.

QC 업무에는 수입 검사, Recipe 관리, 제품 검사, 불량 관리, 반품/클레임 업무 등이 있습니다. 그중 제품 검사에서 업무목표로 검사건수를 늘린다고 품질이 개선되거나 QC 본연의 업무를 충실히 했다고 볼 수 없습니다. 품질 검사는 불량 제품이 고객에게 전이되지 않도록 검사 기준을 명확히 하는 것이므로 건수를 늘리기보다 실효성 있는 검사 방식으로 변경하여 불량률 수준을 획기적으로 줄이는 것에 대해 집중해야 할 것입니다. 많은 회사에서 검사 건수 늘어났다고 일을 열심히 했다는 식으로 관리하는 것은 업의 본질에 부합하지 않는 것입니다.

우리는 일을 할 때 본질이 무엇인지에 대해 고민해야 합니다. 지금 하고 있는 일이 본질에 부합하는지를 생각할 때 반대로 그것을 하지 않았을 경우 어떻게 되는지를 살펴보거나 낭비 요소가 있는지를 보면 알 수 있을 것이라고 봅니다. 사람마다 일이 달라지거나 하지 않아도 차이가 크지 않은 경우 본질과 거리가 먼 일을 하거나 부가가치가 생성되지 않는 일이라고 보면 됩니다.

우리가 일을 함에 있어서 프로세스는 매우 중요합니다. 프로세스에서는 투입물과 산출물을 표시하고 해당 일을 누가 하느냐를 설정하는 것이 R&R입니다. R&R에서는 배임과 남용 문제가 발생합니다. 주어진 일을

---

[1] R&R(Role & Responsibility), 역할과 책임

제대로 하지 않는 것은 배임이 되며, 자기에게 주어진 권한보다 많은 권한을 행사하면 남용 문제가 발생합니다. 일은 성실히 수행해야 하고 권한은 절제된 범위에서 행사해야 합니다.

코미디 프로그램에서 "그건 난 모르겠고!"라는 말에는 업무를 태만히 하는 요소가 들어 있습니다. 프로세스와 R&R을 잘 설명하면 업무 배임 문제가 상당 부분 해소될 수 있습니다. 배임보다 더 안 좋은 것은 권한 남용입니다. 완장 채워주니 갑질한다는 말에는 권한 남용 문제가 있습니다. 효율적인 일을 위해 권한을 행사해야 하는데 사람 자체를 통제하려는 리더십은 조직을 망가뜨리고 일의 효율을 떨어지게 합니다.

아프리카 속담에 **"빨리 가려면 혼자 가라. 그러나 멀리 가려면 함께 가라!"** 라는 말이 있습니다. 갈수록 일의 복잡성이 늘어나고 있어 혼자 열심히 한다고 일이 완성되지 않는 경우가 많아지고 있습니다. 협업의 중요성을 말하는 것으로 업의 본질에 맞게 내가 하는 것과 동료가 하는 것을 고려하여 시너지를 확대하는 것이야말로 진정한 R&R을 다하는 것이라고 볼 수 있습니다.

글쓰기는 상대방을 설득하는 과정이다!

보고서 작성의 기본에는 항상 글쓰기가 존재합니다. 글쓰기는 상대방을 효과적으로 설득할 수 있는 유용한 방편으로 회사뿐만 아니라 모든 사회생활에서도 적용됩니다. 내가 하고 있는 일, 하고 싶은 것, 바라는 것 등 모든 분야에서 좋은 글쓰기는 기본입니다. 자기소개서와 이메일 사용에도 글쓰기가 기본으로 활용됩니다.

직장생활을 하는 동안 거의 매일 글쓰기를 합니다. 매일같이 이메일을 많이 활용하거나 presentation이라는 요약 보고서가 유행하지만 기본에는 글쓰기가 있습니다. 글쓰기의 공통점은 무엇일까? 회사 기획안, 연구자의 논문, 각종 전단지, 연애편지 다 무엇을 위해 존재하는 것일까요? 바로 상대방을 설득하려는 것입니다. 모두를 설득할 수는 없지만 많은 사람을 설득하는 글이 좋은 글입니다.

글쓰기를 잘하기 위해서는 독서를 많이 해야 합니다. 독서가 없이는 좋은 글이 나오기 어렵고 자기 고집에 빠져 이상한 길로 흐르기 마련입니다. 좋은 글은 읽을 때 편해야 합니다. 하나의 문장에는 하나의 의미가 담기도록 간결해야 합니다. 지식만으로 글을 쓴다면, 글의 흐름이 끊기게 됩니다. 알고 있는 지식은 금방 바닥이 납니다. 하지만 나의 경험을 적으면 글이 순조롭게 됩니다.

좋은 글은 판단과 결과만 전달하는 것이 아니라 근거와 과정까지 전달하려는 글입니다. 개념을 전달하기 위해 표현하는 '비유'는 공감대를 넓히기에 좋은 방법입니다. 물론 비유하려는 개념 사이에는 공통점이 충분해야 비교의 효과가 생기고 표현법으로서 가치도 높습니다. 비유나 속담이 적절하게 사용된 글은 많은 사람들에게 쉽게 공감대를 형성할 수 있는 좋은 글쓰기입니다.

글쓰기 과정에서 가장 먼저 주제를 정하고 그에 맞는 작은 주제, 그리고 그 안에 '나'에 대한 생각을 자연스럽게 써내려 갑니다. 주제가 명확하게 서술이 되어 있어야 하고, 사실에 근거하여 거짓된 정보가 없어야 하고, 글의 분량은 짧지도 그렇다고 너무 길어서도 안 됩니다. 하지만 무엇보다 깔끔하고 정결하며 자연스럽게 쓰는 것이 중요합니다.

글쓰기를 완성한 뒤에는 검토하는 것도 중요합니다. 문장의 흐름이 자연스러운지, 맞춤법이 맞는지, 엉뚱한 이야기가 들어가 있는지 등을 살펴봅니다. 생각을 자연스럽게 써내려 가더라도 다시 읽어보면 자연스럽지 않은 부분이 있습니다. 글을 완성한 뒤에 몇 번 더 읽어보고 깔끔한 마무리를 하도록 합니다.

좋은 글쓰기를 하는 사람은 호감을 불러일으키고 믿음을 주게 됩니다. 그 결과 승진도 빨라진다고 합니다. 글쓰기를 위해 책을 많이 읽고 다른 사람의 좋은 글을 살펴보게 되면 자연스럽게 좋은 글쓰기로 이어집니다.

기업에서 인적자원관리(HR)는 어떻게 이뤄지고 있을까?

기업자산 3요소(3M)로 사람(Man), 자금(Money), 설비(Machine)가 있습니다. 무엇 하나 중요하지 않은 게 없지만 지속 가능한 경영을 위해서는 사람이 가장 중요하다고 볼 수 있습니다. 설비나 시스템이 아무리 훌륭해도 그것을 운영하는 것은 결국 사람이기 때문입니다. 자금이 풍부해도 엉뚱한 곳에 투자하거나 횡령·배임 사고가 나서 물거품처럼 사라지게 하는 것도 사람입니다. 다른 요소가 부족하더라도 사람을 잘 쓰게 되면 어려움은 충분히 극복할 수 있다고 봅니다.

사람의 중요성에 대해 미국 합참의장이었던 콜린 파월이 얘기한 바를 상기해 봅시다. '조직은 정말 아무것도 달성하지 못한다. 계획 또한 아무것도 달성하지 못한다. 경영이론도 별로 중요하지 않다. 어떤 시도가 성공하느냐 실패하느냐는 어떤 사람이 관여하느냐에 달렸다. 위대한 일을 성취하려면 최고의 사람들을 일에 끌어들이는 수밖에 없다.'

HR 업무는 채용, 교육, 조직/배치, 평가, 보상이라고 할 수 있습니다. 기업 규모가 클수록 시스템으로 운영되고 분화되어 있다 보니 움직임은 느리나 실패할 확률은 적어지며, 기업 규모가 작을 경우 한 사람의 존재가 매우 소중하게 작용합니다. HR의 궁극적 목적은 사람에게 기회는 균등하고 과정이 공정하며 결과의 정의를 이루는 것이라고 볼 수 있습니다.

많은 기업들이 우수한 인재를 뽑는다고 하지만 실제로 원하는 사람은 필요한 사람입니다. 채용 시에는 채용자의 의지가 가장 많이 작용하며, 이력서나 면접에서 필요 요소를 선정하는 과정에서 채용자나 인사 담당의 가치관과 선입견이 작용합니다. 요즘에는 인적성 검사를 치러 객관화하려는 기업이 많지만, 질문 의도를 알고 답하는 경우에는 원하는 바를 얻기가 어렵습니다. 인재 요건에서 가장 중요한 것은 열정과 인내심, communication 능력입니다. 성적이 뛰어난 사람보다 하려는 의지와 성실함, 어려움을 돌파하는 신념과 가치관, 무엇보다 타인에게 공감하고 배려하면서 함께 가려고 하는 공감 능력과 상식이 더 중요합니다. 작은 조직일수록 믿음이 중요하게 작용합니다. 믿으면 모든 것이 이해 가능하기 때문입니다!

　직원들이 필요한 곳에서 좋은 성과를 내도록 하려면 주기적으로 교육이 필요합니다. 법정 교육은 말할 것도 없고 조직의 배치 상황이나 위치에 따라 교육 내용은 달라지겠지만 모든 직원들에게 공통적으로 필요한 교육이 있습니다. ICT 사무처리능력, 변화혁신 마인드 육성과정, 문제해결능력과정, 회의나 대화를 향상시키는 communication skill 교육, 협업을 위한 leadership 교육 등입니다. 교육을 통해 육성된 능력에 따라 적재적소에 배치를 하고 업무 변화에 따라 조직을 유연하게 가져가는 것이 좋습니다.

　조직의 유연성을 위해 Agile(민첩한) 경영을 도입하는 사례가 늘고 있습니다. Agile 조직의 핵심은 속도입니다. 부서 간 경계를 허물고 소통을 원활하게 하고 자율을 보장하면서 효율과 속도를 극대화하는 것입니다. 필요에 따라 팀을 만들고 해체하면서 유연하고 신속하게 일을 해결하는 방식입니다. Agile 조직의 특징은 의사결정과 업무 처리가 빠르고 여러 부서 사람이 한데 뭉쳐 부서 이기주의가 없다는 장점이 있습니다.

　Gore & associate CEO('05~'18)였던 테리 켈리는 리더가 되어 세상을 바라보는 관점인 리더십 프레임을 다음과 같이 구분하였습니다. 리더십의 형태에 따라 문화가 달라지는데 여러분의 회사는 어느 리더십을 중요하게 여기고 있습니까?

　　① Structural frame: 시스템과 절차 중시
　　② Human resource frame: 소속감 중시
　　③ Political frame: 구성원 간 협력 중시
　　④ Symbolic frame: 비전과 가치관 강조

　Agile 경영에서는 절차보다는 직원의 연결, 소속감보다는 이루고자 하는 비전을 같이 바라보는 것이 기본 조건입니다. 현재, 한국의 대부분 리

더는 구조와 인적자원 프레임을 가지고 있다는 연구 결과가 나왔습니다. 수평적 자율조직이 되려고 한다면 리더가 조직을 바라보는 관점의 변화가 동반되어야 성공할 수 있습니다.

평가가 공정하다고 느끼지 않을 때 갈등이 발생합니다. 많은 기업에서 역량평가, 실적평가, 다면평가 등 다양한 평가 제도를 도입하지만 평가는 의외로 simple, open할 때 동의가 쉬워집니다. 물론 평가기준에 대해서도 동의하는 수준이어야 함은 두말할 것도 없습니다. 모든 사람들이 평가의 의의와 목적을 공유할 때, 다함께 참여할 때 공정을 느낍니다. 승진/보상에서도 가치공유와 참여를 통해 공정을 기할 수 있습니다.

HR의 핵심은 가치 공유와 협업입니다. 생각이 다른 사람들이 모여 일을 하면서 함께 해 나가기 위해 우리가 무엇을 해야 하는지, 본인이 어떻게 해야 하는지를 이해할 경우 믿음이 있고 일의 시너지가 생길 수 있습니다. 같은 방향으로 힘을 모을 때 꿈은 이루어집니다. 그러기 위해서는 소통하고 또 소통해야 합니다. 지시와 보고만을 소통으로 생각하는 사람이 많습니다. 참여와 의견수렴이 없는 일방적 지시, 보고로는 가치공유를 할 수 없습니다.

칭찬받는 사람은 마음이 즐겁고 행복합니다. 행복한 사람은 만족을 알고 있습니다. 매슬로에 따르면 사람은 생리, 안전, 사랑/인정, 존중, 자아실현 욕구 충족에 따라 행복을 느낀다고 하였습니다. 따라서, 인간 욕구에 따른 행복을 위해서는 소소하면서 작은 행복(소확행)을 계속 자주 주는 것이 좋습니다. 성과 있는 곳에 보상이 있다는 원칙을 정하고 보상 제도를 운영하는 것이 필요합니다.

보상 방법에는 승진, 임금 인상, 휴가 포상, 성과급 지급, Stock option 등 연간 또는 다년간의 실적에 따른 커다란 것도 있지만 창립기념, 안전인시 달성 기념, 혁신과제 수행 기념 등 특정 프로젝트나 목적을 위해 실시하는 것도 있습니다. 재정적 여유가 있다면 생일 기념, 결혼기념 등 개인 기념일에도 회사가 제도적으로 후생 복지 차원에서 작은 선물을 주는 것도 필요합니다.

　HR은 구성원의 역량을 향상하는 지원 업무로 인식하지만 현실에서는 HR 담당자는 매우 큰 힘을 지니고 있습니다. 구성원에 대한 각종 인사 정보를 공유하고 징계나 과실 등 약점을 알기 때문에 그것을 사유화하여 자신의 권리 확보에 나서는 사람이 많을수록 기업의 발전은 어렵습니다. 따라서, 인사 정책 특히 진급 문제에서 네거티브가 아닌 사람의 성과나 장점에 대해 의견을 제시하거나 쓰도록 해야 기업이 성장할 수 있습니다. 사람을 망가뜨리고 약점을 잡기는 쉬워도 칭찬하고 키우기는 어려운 것이 세상 이치입니다.

　진급심사 때도 그 사람이 무엇을 잘했고 앞으로 무엇을 잘 할 수 있는지를 얘기하고, 승진할 때는 당사자의 업적을 한두 줄로 평하여 공론화하는 것이 필요합니다. 평가를 위해서는 리더가 평가 기준을 먼저 제시하고 그 기준에 따라 당사자가 스스로 평가를 하도록 하는 것이 중요합니다. 평가가 여의치 않다면 평가 기준에 따라 다수 또는 근로자 대표가 평가하는 것을 반영하는 것도 공정을 기할 수 있습니다. 포상할 때는 객관화된 유형효과를 산출하여 말하는 것이 필요합니다.

근무 시간과 휴게 시간, 초과 근무에 대한 의견

회사를 다니다 보면 힘들고 어려울 때 근무 시간과 휴게 시간에 대해 고민할 때가 생깁니다. 어디부터 출근 시간이며 퇴근에 대해 눈치 안 보고 갈 수 있는지, 언제 쉴 수 있는지에 대한 궁금증이 생길 수 있습니다.

"근로기준법 제2조(정의) 소정근로시간이란 근로기준법 제50조, 제69조 본문 또는 산업안전보건법 제139조 제1항에 따른 근로 시간의 범위에서 근로자와 사용자 사이에 정한 근로 시간을 말한다."고 되어 있습니다. 즉, 1주 40시간 내에서 근로자와 사용자 사이에 근무하기로 정한 시간이 소정 근로시간이 됩니다.

노동시간 단축 운동은 노동조합이 생겨날 때부터 시작되었습니다. 영국에서는 1847년에 여성과 어린이에 대해 하루 10시간 노동제가 자리 잡았습니다. 제1차 세계대전 때 미국에서는 1일 8시간 1주 6일 노동이 공장 근로 기준으로 확립되었습니다. 1920년대에는 유럽 국가 대부분이 주 48시간 노동제가 자리 잡았습니다.

프랑스에서는 1936년 인민전선정부가 이끄는 가운데 주40시간 노동제가 확립되었습니다. 1938년 미국은 공정근로기준법을 만들어 주 40시간 노동을 규정하고 이를 어기는 사용자에 대한 벌금조항을 두었습니다. 오스트레일리아는 1948년, 캐나다는 1960년대 초에 주 40시간 노동제를 실시하기 시작했습니다. 우리나라는 현재까지도 주 평균 50시간 이상의 장시간 노동이 지속되고 있는 현실이나 주5일 근무제를 실시하고 있는 기업체가 늘고 보편적인 기준으로 자리 잡아가고 있습니다.

연장 근무시간은 주간 단위로 40시간을 초과한 근무 시간이라고 할 수 있습니다. 휴게시간을 제외한 실제 근무시간이 연장 근무시간으로 계산됩니다. 근로기준법을 위반하여 연장 근무시간을 초과하게 한 사업주는 벌금형에 처해질 수 있습니다. 연장 근무를 과도하게 요구하거나 허용된 근무시간을 초과하여 근로자를 근무시킨 경우, 그 위반 정도에 따라 벌금의 액수가 결정됩니다. 또한 근로자의 건강이나 안전을 심각하게 해치는 등의 중대한 법 위반 사례가 있는 경우 징역형에 처해질 수도 있습니다.

법적으로 근무 시간 외에 초과 근무를 하게 되면 초과 근무 수당을 신청할 수 있습니다. 초과 근무 수당은 시간 외 근무수당, 야간 근무 수당, 휴일 근무 수당으로 나눌 수 있습니다. 초과 근무 수당은 1일 최대 4시간, 월 57시간을 초과할 수 없습니다. 월간 초과 근무 시간은 모두 합산하여 책정하되 분 단위는 절사하게 됩니다. 즉 초과 근무 시간이 6시간 30분이면 30분은 절사하고 6시간이 근무 시간으로 인정됩니다.

- 시간 외(O/T, over time) 근무 수당: 정규 근무 시간 이후 근무할 경우 지급하는 수당
- 야간 근무 수당: 오후 10시부터 새벽 6시까지 근무할 경우 지급하는 수당
- 휴일 근무 수당: 토요일, 일요일, 공휴일에 근무할 경우 지급하는 수당

근무 시간은 업무를 할 수 있는 상태의 시간이라고 할 수 있습니다. 특정 기업에서는 담배 타임을 업무 시간에서 제외하거나 15분 이상 자리를 비울 경우 소명해야 하는 경우도 있습니다. 1층 로비, 사내 카페, 건물 외부 등 비업무 공간으로 보거나 모니터 마우스의 움직임이 없으면 시스템에 기록되는 방식을 택하기도 합니다. 한 대기업은 20분간 모니터 마우스의 움직임이 없으면 사유를 입력하도록 하는 경우도 있습니다. 외국의 경우에는 흡연을 위해 자리를 비우는 시간을 근무 시간으로 인정하지 않는 사례가 많습니다.

근로기준법 제54조는 근로자가 4시간 연속 근무할 경우 최소 30분, 8시간 이상 일할 경우 최소 1시간의 휴게 시간을 부여해야 한다고 규정하고 있습니다. 이 휴게 시간은 반드시 근로 시간 중에 부여되어야 하며, 근로자는 이 시간을 자유롭게 활용할 수 있어야 합니다. 휴게 시간은 기본적으로 급여가 지급되지 않는 근무 외 시간으로 간주됩니다. 휴게 시간

은 업무와 분리된 시간으로 간주됩니다.

　스페인의 에너지 회사 갈프는 직원들이 담배를 피우거나 커피를 마시러 자리를 비우는 시간을 근무 시간으로 인정하지 않았습니다. 이에 노동조합이 사측을 고소했지만 스페인 고등법원은 직원이 근무지 밖에 있는 시간을 근무 시간에서 제하는 갈프의 방침은 합법이라며 사측의 손을 들어줬습니다.

　연장 근로는 승인 또는 명령에 의해 행해지는 것이지 근로자가 일방적으로 정하는 것은 아닙니다. 근태 관리가 제대로 이뤄지지 않는 회사에서는 연장 근로에 대한 의견 차가 많이 발생합니다. 모든 임금제에서 출퇴근 기록 관리를 통해 실제 근로 시간을 확인하고 초과할 수 없도록 관리하는 것이 필요합니다. 근로 시간(주 40시간) 준수를 하고 있는지, 연장 근로를 지켰는지 확인하고 휴식 시간 제외 후 연장 근로에 대해 수당을 지급하는 근태 관리가 중요합니다.

OECD 국가 중 근로 시간 1위! 노동 생산성도 1위일까요?

근로 시간은 식사 시간이나 휴식, 휴게 시간을 제외한 실제 근무 시간을 말하며, 사용자의 통제하에 대기하고 있는 시간을 포함하는 것이 일반적입니다. 근로기준법에 따르면 주간 최대 근로 시간은 52시간이며, 토요일과 일요일 8시간 근무를 별도로 보기 때문에 최대 68시간 근로가 가능합니다. 법에서 정한 근로 시간을 초과하여 근로를 시키는 경우 사용자는 2년 이하의 징역 또는 1천만 원 이하의 벌금에 처해질 수 있습니다.

기준 근로 시간을 초과(하루 8시간)하는 연장 근로 시간과 오후 10시부터 오전 6시까지 적용되는 야간 근로 시간은 할증 임금을 받을 수 있으며 할증 임금은 통상 임금의 150%가 적용됩니다. 교대 근무 등에 적용되는 2주 이내와 3월 단위 탄력 근로 시간제는 법정 근로 시간을 평균하여 적용합니다.

근로 시간이란 자기 업무를 할 준비가 된 상태에서 수행하는 일체의 업무 행위, 회의, 정리정돈 및 청소, 교육, 일상 점검, 문제 해결, 사고 방지 등이 포함됩니다. 회사 출입 시간이 아닌 자기 근무 위치에 도착하여 근무할 준비가 된 상태부터 시작됩니다. 그러나 근로 시간에 행해지는 일상적인 행위들 중 화장실 가고, 담배 피우고, 커피나 음료 마시고, 샤워하고, 사적인 전화나 사무기기 사용하는 경우, 업무와 상관없이 근무 위치를 이탈하는 행위. 이들은 모두 휴식이나 휴게시간에 해당합니다. 같은 근로 시간이라 하더라도 사람마다 일의 질적 수준이 다르고 또한 노동 생산성도 달라질 수 있습니다.

학생처럼 수업 50분, 휴식 10분과 같이 정해진 시간이 있는 경우, 수업 시간에 잠을 자고, 화장실 가고, 핸드폰 쓰고, 잡담하면 선생님에게 혼나거나 아니면 묵인 내지 동의가 있어야 합니다. 연속 공정이 아닌 보통의 공장에서는 규칙적인 휴식 시간 없이 자율적인 분위기에서 휴식을 취하는 경우 합당한 이유 없이 10분 이상 이석하거나 일탈 행위를 하면 근로를 충실하게 한 것이라 하기 어렵습니다.

  휴게 시간은 4시간마다 30분을 부여해야 합니다. 휴게 시간은 근무시간에 포함되지 않습니다. 우리나라는 통상 일근의 경우 점심시간 1시간이 휴게 시간으로 되어 있습니다. 휴게 시간은 연속공정으로 쉴 수 없는 근로자를 위해 정해진 기준으로 이석이 자유로운 경우에는 별도의 휴게 시간을 요구하기 어렵습니다. 휴게 시간을 요구하면 해당 시간은 근무 시간에서 제외되기 때문입니다. 근무 시간에 여유가 있을 때 변화와 혁신을 고민하고 주변 정리정돈 및 청소 등을 할 때 그 사람의 미래는 아름다울 것입니다.

보고는 슬기로운 생활의 기본이다

업무를 통해 성장하지 못하는 사람은 모든 것을 자기 혼자 끌어안으려는 경향이 있습니다. 자신만의 경험에 의존하기 때문에 실수할 확률이 높습니다. 보고하지 않는 직원에게는 결코 정당한 평가를 하지 않습니다. 회사 조직은 인간 집단이므로 **소통 빈도와 농도에 의해 관계가 결정**됩니다. 보고하는 정도와 상대의 믿음은 매우 밀접한 관계를 가진다고 볼 수 있습니다.

- 일 잘하는 사람은 보고를 잘하는 사람이다? YES
- 어떤 업무든 상사는 보고를 기다린다? YES
- 사소한 일도 보고하라!
- 상사의 지시는 하나도 빠짐없이 듣고 반드시 메모해 둔다!

꼭 익히고 길러야 할 5가지 보고 습관을 살펴보면,

[1. 결과보고] 보고는 결과만 이야기해서 성립되는 것이 아니다. 상사가 언급한 부분 외에 무언가 다른 방법이나 현장에서 알아낸 정보, 아이디어도 같이 보고해야 한다.

- 묻기 전에 즉시 직접 보고하라!
- 보고할 때는 결론부터 말하라!
- 한번 듣고 이해할 수 있게 보고하라! 핵심 3가지, 시각화, 상대배려 전문용어 사용

[2. 중간보고] 3일 이상 걸리는 일은 진행 상황과 견적을 중간에 보고하는 것이 좋다. 상사는 "그 후"를 중요시하므로 중간보고는 상사를 안심시키고 상사에 대한 배려라는 것을 잊지 말자! 그래서 수단과 방법을 가리지 말고 보고하는 것이 좋다.

[3. 문제보고] 문제 보고 시에는 좋지 않은 일일수록 신속하게 보고하고 대처

방법도 함께 보고하자! 보고하면 상사가 "귀찮아한다"라는 편견을 버려야 한다. 능력이 뛰어난 사원일수록 문제를 잘 보고하지 않는데 스스로 해결할 수 있다고 생각하기 때문이다.

[4. 변경사항 보고] 기본적으로 상사로부터 지시받은 일의 내용을 마음대로 변경하여 실행해서는 안된다. 변경하고 싶은 것이 있다면 구체적으로 뒷받침할 만한 근거를 시각화해서 보고하자!

[5. 정보보고] 현장 입수 정보 또는 경쟁사 정보와 고객의 정보는 그 즉시 보고한다. 부가정보는 신선도가 생명이다. 보고는 일상적으로 상사의 입장에서 하라!

보고서 작성 시에는 다음과 같은 요령이 필요합니다.

- 제목과 결론부터 써라!
- 정확하게 써라!
- 길어도 3페이지를 넘기지 마라!
- 사실과 의견을 구별해서 써라!
- 기한을 지켜 작성하고 적절한 타이밍에 제출한다!

보고서를 쓸 때 꼭 기억해야 할 5가지 원칙을 살펴봅시다!

1) 보고서의 목적이 명확할 것
2) 보고서를 읽는 사람이 어떻게 해 주기를 바라는지
3) 보고서는 고객(보고받는 사람) 입장에서 생각해야 함
4) 선입견 배제, 고객의 정확한 판단에 도움되는 관점에서 작성
5) 보고서를 효율적으로 쓸 것
6) 작성자와 보고받는 사람의 시간을 아껴줄 수 있어야 함
7) 보고서는 그 자체로서 완결성을 가져야 함
8) 다시 질문할 사항이 없도록 할 것
9) 기본적인 보고서 형식을 준수해야 함

10) 잘 된 보고서를 연구하여 보고서 수준을 향상할 것

개선활동 보고서 작성 시 참고해야 할 사항을 살펴보면,

- 고객 입장에서 작성하라! 작성자는 알지만 듣는 사람은 그 내막을 모른다!
- 처음부터 끝까지 물 흐르듯 스토리를 전개하라!
- 복잡한 내용이나 구조일수록 그림, 사진 등을 이용하면 이해가 쉬워진다.
- Head message가 내용 전달의 70%를 차지한다.
- 제목을 보고 어떤 내용인지 판단을 시작하고 흥미를 갖는다.
- 데이터를 사용할 때는 출처, 조사기관, 조사방법을 표시하라!
- 강조가 필요한 곳의 강조방법을 다양하게 사용하라!
- 사진, 박스, 표 등을 사용할 때는 가로-세로-높이를 맞추어야 보기 편하다!
- 감정을 움직이게 하는 수단을 동원하라! 현장활동, 토론, 회식사진 등

Etiquette/Protocol/Manner

- Etiquette, 에티켓: 타인을 대하는 예의범절이나 예의, 무례하지 않은 행동
- Protocol, 프로토콜: 의전
- Manner, 매너: 상대를 배려하고 편안하게 하는 사회 규범

회사나 사회생활을 하다 보면 이해할 수 없는 행동을 하는 사람들이 간혹 있습니다. 스스로의 마음가짐이나 태도는 습관으로 잘 변하지 않고 굳어져 있는 행동이지만 규칙을 지켜야 하는 회사에서는 에티켓이나 매너에 대해 주기적인 안내를 하여 상식을 벗어나지 않도록 하는 것도 중요합니다.

에티켓은 사교상의 마음가짐이나 몸가짐으로 남을 대하는 마음가짐이나 태도라고 할 수 있습니다. 타인을 대하는 예의나 형식, 예의범절을 뜻하며 사회 통념상의 도덕 또는 상식이라고 말합니다. 공공의 의미로 '지킨다' '지키지 않는다'라고 할 수 있습니다. 공자의 예라는 뜻으로 '다른 사람이 자기에게 하지 않도록 바라는 것을 남에게 하지 않는 것'이라고 합니다. 성경에서 말하는 '사랑은 무례히 행치 않는다'에서 예절의 의미가 잘 나타나 있습니다.

- 인: 다른 사람에 대한 긍휼적인 사랑
- 의: 다른 사람이 자기에게 해 줬으면 바라는 것을 남에게 행하는 적극성
- 예: 다른 사람이 자기에게 하지 않도록 바라는 것을 남에게 하지 않는 것
- 지: 무엇이 올바른 것인가에 대한 탐구심과 반성

에티켓의 어원은 프랑스어 에스티키에(붙이다)에서 유래된 것으로 궁정 예식을 치를 때 각종 푯말로 붙여져 있는 데서 유래된 것이라고 합니다. 에티켓은 기득권에 이득을 주거나 쓸데없는 허세, 가식으로 해석하는 경우도 있습니다. 한마디로 자기 마음대로 할 수 있는 상류층에게 자기규

제 수단으로 사용한 것으로 하류층에게는 예절을 요구하지 않는 경우가 많습니다. 예라는 것이 보통 상급자에게 정중함을 표하고 경의를 표하게 되어 있기 때문입니다.

프로토콜은 주고받는 양식과 규칙 체계로 의전의 의미로 쓰이며, 에티켓과 유사한 의미로 쓰이기도 합니다. 직장 생활에서 필요한 에티켓에는 다음과 같은 것들이 있습니다.

- 비즈니스 복장 준수 (지급된 작업복이 있을 경우 작업복 착용)
- 현장 출입 시 안전화 착용
- 현장 내 입수 보행 금지
- 사무실 외 슬리퍼 착용 제한
- 사무실 내 사적 통화 자제
- 사무실 정리정돈 생활화
- 회의실 사용 후 정리정돈 - PC, 냉난방기, 조명 off
- 퇴근 시 소등
- 냉난방기 적정 온도 유지

매너는 행동하는 방식이나 자세라고 할 수 있습니다. 사람마다 가지고 있는 습관이나 몸가짐이라고 할 수 있습니다. 매너는 타인이 느끼는 태도 방식으로 '매너가 좋다' '매너가 나쁘다'라고 할 수 있습니다. 매너는 상대를 배려하고 편안하게 하는 사회적 규범이라고 할 수 있습니다. 사회생활에서 필요한 좋은 매너에는 다음과 같은 것들이 있습니다.

- 약속 시간보다 일찍 나가서 기다리는 행동
- 식사 때 상대방의 물이나 수저를 챙기는 행동
- 먼저 인사를 건네는 행동
- 약자를 배려하는 행동
- 사람과의 대화에서 잘 들어주는 행동

- 공공장소에서 민폐를 끼치지 않는 행동
- 자동차 탑승시 안전벨트를 채워주는 행동

예절 바른 사장이나 상사가 있는 회사는 분위기가 편안하지만 하류층 의식을 지닌 무례한 사람이 있는 조직은 군림하고 지배하려는 분위기로 인해 지옥에 떨어진 것 같은 생활을 하게 됩니다. 심하게는 고성을 지르거나 언어폭력이 난무하고 때로는 폭행이 이뤄질 수도 있습니다. 직원을 종이나 노비 대하듯 취급하는 사람들이 그러합니다. 상사가 예의 없는 행동과 힘의 논리로 운영하는 조직은 좋은 결과를 내기도 어렵습니다.

문화가 발달하고 삶에 대한 질이 높아질수록 에티켓과 매너는 상대를 배려하는 기본 마음가짐으로 깊이 새겨 두어야 할 것입니다. 상대를 처음 만날 때 정중한 복장과 매너 있는 인사는 상대에 대한 존경심을 표하는 것이며 좋은 인상을 주게 됩니다. 회의를 하거나 상대와 대화를 할 때 걸려오는 전화를 받는 것은 좋은 매너가 아니므로 반드시 양해를 구하는 것이 필요합니다.

에티켓과 매너는 같은 예의라는 의미로 쓰이나 에티켓은 예의 유무를 말하는 '형식'이라면 매너는 이 형식을 표현하는 '방식'이라고 할 수 있습니다. 그래서 에티켓은 '있다, 없다', '지킨다, 안 지킨다'라고 표현하며, 매너는 '좋다, 나쁘다'라고 표현합니다. 에티켓을 지키고 매너가 있는 생활을 해야 좋은 결실을 얻을 수 있다고 생각합니다.

권리 위에 잠자는 자는 보호
해 주지 않는다

법률 문제는 발생하지 않는 것이 최선입니다. 일반적인 법률 문제는 전문가의 조력을 받아 쉽게 해결할 수 있지만 대부분 시간과 비용이 많이 들어갈 뿐만 아니라 대처도 쉽지 않아 어려움을 겪는 경우가 많습니다. 기업에서 접하는 법률은 대개 상법, 민법, 세법, 근로기준법, 환경법, 중대재해처벌법 등이며 각 법에 대한 기초 이해가 필요합니다.

특히, 민법에 관해서는 사회생활에서도 유용하므로 기초 상식 정도로도 이해하고 있어야 합니다. 민법에는 크게 계약 관계, 채권, 물권, 상속을 포함한 인간관계를 다루고 있습니다. 법률전문가를 통하지 않고도 계약관계에 대한 이해와 채무 증빙을 위한 영수증, 차용증을 확보하는 것뿐만 아니라 내용 증명 신청과 공증에 대한 이해 정도는 하고 있어야 합니다. 가압류, 판결, 경매, 소멸시효 등 기초적인 법률 용어도 이해하고 있어야 합니다.

법률 전문가로는 변호사 외에도 법무사, 공인노무사, 회계관리사, 세무사, 변리사 등이 있으며 역할에 맞는 법률 사무의 이해가 필요합니다. 법무사는 상법이나 민법에 관한 법무 사무로 등기, 담보 설정, 지급 명령 신청, 그외 각종 신청서 작성 시 도움을 받을 수 있고, 노무사는 근로기준법 등 근로 조건이나 고용문제, 노사 문제 해결에 필요합니다. 그외 전문자격증 소지자는 회계, 세무, 산업재산권 등의 특수 분야에 대한 법률 지원이 가능합니다.

변호사는 소송대리인이라 칭하는 민·형사 소송대리와 깊이 있는 법률자문이 필요할 경우 선택적으로 활용하되 1인 변호사보다 집단 지성을 이용할 수 있는 법무법인을 쓰는 것이 좋습니다. 로스쿨 제도가 생긴 이후로 변호사가 대량으로 배출되면서 변호사의 지위나 역량도 과거보다 줄어들고 있습니다. 경쟁이 심화되면서 법률 시장에도 전문화되고 특화된 분야의 법무법인이 많이 나타날 것으로 보이며, 사안에 맞는 법률 정보 제공 또한 보다 용이할 것입니다.

채권/물권에 관한 민사법률행위는 보전처분→ 집행권원 확보→ 집행문→ 강제집행 등으로 진행됩니다. 절차를 이해하고 있다면 법원에 방문하여 직접 진행해도 되나 대부분 경험이 매우 중요하므로 법무법인에서도 변호사는 소송대리나 법률 검토를 하며, 서류는 주로 사무장이 제출하고 있습니다.

[그림 20] 민사법률절차

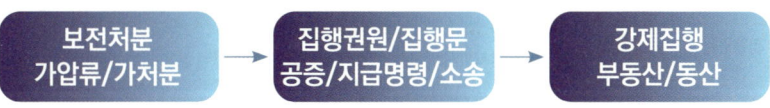

보전처분은 강제집행을 위해 사전에 권리를 확보하는 임시 처분을 위한 채권자의 일방적인 행위로 가압류와 가처분이 있습니다. 특히 채권 가압류의 경우에는 상당한 금액의 공탁을 해야 하므로 실효성 없는 가압류는 하지 않는 것이 좋습니다. 법적인 보전처분 외에 권리 확보를 위한 선조치로 물권에서는 담보 설정을 하지만 채권에서는 변제계획서, 연대보증서, 직불동의서, 상계계약서, 양수도 계약서 작성이나 내용 증명을 보내는 방법도 있습니다. 보전처분을 한 이후에는 반드시 집행문 확보를 위해 본안 소송과정을 거쳐야 강제 집행을 할 수 있습니다.

집행권원 확보는 강제 집행을 위해 권리 확보를 수행하는 법률 행위입니다. 서로 합의에 의해 공증사무소에서 공증을 하는 것이 가장 원만하고 비용도 적게 듭니다. 금전소비대차 공증은 10년, 어음공증은 3년의 소멸 시효가 적용됩니다.

[표 33] 민사법률행위

구분	종류	특기사항
보전처분	가압류	금전에 관한 임시 압류 투입비용: 부동산 < 채권 < 유체동산
	가처분	금전외 권리, 행위.자격 정지를 위해 실행함 민사에서는 사해행위 취소시 많이 활용함
집행권원	공증	채무자 동행하거나 합의 시 가능. 금전소비대차/어음 공증 공증사무소 위임장과 인감 날인 및 증명서 첨부
	지급명령	송달 가능하고 채권에 대해 이의가 없어야 됨 확정시까지 약 6주 소요. 시·군법원 관할. 금액 불문
	판결	소송을 진행하거나 화해, 조정 조서 포함 일정 금액 이하는 직원이 소송대리인 신청 가능
집행문	-	공증사무소, 법원(판결문), 지급명령(그 자체)
강제집행	임의경매	(근)저당권 설정에 의한 경매 신청
	강제경매	집행권원에 의한 경매신청
	채권압류	제3자 물품대금/보증금/예.적금/보험 등 추심/전부명령
	유체동산	이동이 어려운 대규모 자산이 아닐 경우 실익 적음
	자동차	부동산에 준하나 압류 과정이 쉽지 않음(잦은 이동)
	유가증권	압류 및 양도 또는 매각 명령 신청
기타 신청	재산 명시	실익은 크지 않으나 채무자 압박용으로 활용함 비용은 3만 원 정도 들어감. 불응 시 구인당함
	재산 조회	재산 명시 조서등본 작성후 실행. 실효성은 낮음 약 3~4개월 소요되며 대략 20만 원 비용이 듦
	채무 불이행	집행권원 확보 6월 이후 신용불량자 등록 금융연합회 등에 통지되며 파산·면책 후 삭제 가능

    법원을 통해 집행권원 확보를 하는 가장 빠른 방법은 지급명령을 신청하는 것입니다. 지급명령은 1~2개월에 확정되지만 상대가 이의제기 할 경우 소송으로 전환되므로 변호사는 그다지 선호하지 않는 방법입니다. 상대가 동의하지 않는 것을 전제로 할 경우 보편적인 권리 확보 절차가 소송입니다. 소송에는 소송 대리인으로 변호사만이 참여할 수 있지만 친족이거나 일정 금액 이하나 특정한 상황에서는 직원이 위임장을 받아 소

송 대리를 수행할 수 있습니다.

집행권원이 확보되면 집행문을 신청하고 강제 집행 절차에 들어갑니다. 보통 소송을 통해 이기면 채권 등을 저절로 받을 것으로 생각하지만 상대가 응하지 않을 경우 집행문을 통해 강제 집행 절차를 거쳐야 합니다. 법률분쟁은 목적(변제/보상 등)을 달성하는 것이지 과정(승소)을 이기는 것이 아님에도 법률 전문가는 이러한 점을 제대로 알려주지 않습니다. 가진 것이 충분하거나 변제능력이 있을 경우 괜찮지만 소송을 이겨도 상대가 변제능력이 없다면 얻는 것 없이 상처뿐인 영광으로 끝나는 경우도 많습니다.

따라서, 강제 집행에 앞서 상대방의 변제 능력을 필히 확인해야 합니다. 재산 상태나 수익처 등을 파악하는 것은 매우 중요합니다. 강제 집행은 현장 경험이 더 중요하게 작용하는 분야로 물권과 채권 집행으로 나눌 수 있습니다. 부동산 보유 여부가 확인되어 물권 집행을 할지, 회사를 다니거나 보증금이 있거나 주거래 은행을 알고 있을 경우 채권 집행을 할지를 결정하는 것은 채권자의 선택에 달려 있습니다.

채권 집행에는 압류 후 추심명령과 전부명령이 실행되어야 합니다. 채권 집행에서는 상대방의 유효한 금융 기관(제3채무자)을 상대로 채권 압류 및 추심 명령 또는 채권 압류 및 전부 명령 신청을 통해 채권을 확보할 수 있습니다. 회사를 다니고 있는 경우 급여를 압류할 수 있으며, 보증금이나 물품 대금이 남아 있는 경우 제3자를 상대로 채권 압류 및 추심 명령을 신청할 수도 있습니다.

물권 집행은 부동산 경매, 유체동산 집행 등이 있습니다. 가장 널리 쓰이는 부동산의 임의 경매는 부동산에 담보 설정 후 채무불이행시 법원을 통해 물권을 채권으로 전환하는 것으로 보통 경매는 신청 후 6개월~1년 정도 소요되나 유찰이나 분쟁이 있을 경우 더 길어질 수 있습니다. 후순위자로 실익이 없을 경우 중단될 위험도 있으므로 경매 후 배당 실익이 있는지 판단해야 합니다. 강제 경매는 담보 없이 집행권원으로 물권에 대해 강제 집행하는 것이지만 금액이 작거나 선순위 등으로 실익이 없거나 상대방의 이의 제기 등에 따라 장기간 소요되는 경우도 있습니다.

부동산 경매절차는 경매신청→ 송달→ 감정평가→ 경매개시→ 경매기일→ 낙찰→ 배당 순으로 진행이 됩니다. 경매 신청 시에는 경매 진행 및 송달 비용을 납부해야 하며, 송달에는 우편 송달이 주로 이뤄지나 계속되는 미송달 시에는 공시 송달 신청이 가능합니다. 부동산 감정은 법원이 지정하는 감정사에 의해 부동산 평가 금액이 정해집니다. 경매 개시 후 감정평가액이 최저 입찰가액이 되며 이후 유찰될 경우 최저 입찰가는 20~30% 비율로 감액된 금액이 최저 입찰가로 정해집니다. 낙찰이 되고 금액이 완납되면 배당기일이 지정되고 배당기일에 순위별 배당액이 결정됩니다.

강제 집행을 통해서도 금액 회수 등 소기의 목적을 이루지 못할 경우 다음과 같은 방법을 생각해 볼 수 있습니다. 재산 내역을 알지 못할 때 상대방에게 재산 내역을 스스로 공지하도록 하는 재산 명시 신청, 상대의 채권 상태를 알아보는 재산 조회 신청, 신용불량자 등록을 통해 압박하는 채무불이행자 명부 등재 신청, 소멸 시효를 연장하기 위해 하는 소송 재신청 등이 있습니다. 나의 권리를 확보하기 위해서는 반드시 법률 행위를 거쳐야 하는데 많은 사람들은 상대방의 양심에 기대하고 유효한 기한 내 법률 행위를 수행하지 않아 시간이 지나면 소멸시효 등으로 기한을 상실할 수 있습니다.

법의 가장 기본은 '권리 위에 잠자는 자는 보호해 주지 않는다'로 요약할 수 있습니다. 야박한 얘기일지 모르지만 법적으로 해결할 수밖에 없는 상황이라면 망설임 없이 진행하는 것이 현명합니다. 그리고 채권자는 전문가의 도움을 받아 스스로 해결하려는 의지가 있어야 원하는 결과를 얻을 수 있습니다. 많은 경우 채권자의 의지가 약하거나 중도 포기하는 경우에도 법률대리인에게는 상응하는 대가를 지급해야 하는 점을 꼭 상기해야 할 것입니다.

변하지 않는 가치에 인생의 목표를 정해라!

살면서 우리는 수많은 변화를 겪고 있습니다. 젊은 날 가졌던 마음도 세월이 지나면서 변하기 마련입니다. 사랑도 세월이 지나면 식게 마련입니다. 10년이면 강산도 변하듯이… 나이가 들어 되돌아보면 아쉬움이 크고 아름다운 추억과 회상만 떠오르는 것이 인생사일지 모릅니다. 많은 사람들이 자식에게 재산 등 많은 것을 물려주려 하지만 그런 것보다 중요한 두 가지만 물려주는 것이 좋다고 합니다. '좋은 습관과 부모와 함께 했던 아름다운 추억!'입니다.

이 세상에는 변하지 않는 것도 많습니다. 해와 달이 그대로이고 진리가 그것입니다. 인간관계에서는 선한 영향력을 주는 것이 변하지 않는 가치라고 볼 수 있습니다. 사람이 태어나서 누구에게 이로움을 주고 좋은 이미지를 남기는 것만큼 가치 있는 삶은 없다고 볼 수 있습니다. 물질보다 마음을 주는 것이 더 가치 있다고 보여집니다.

조직에서도 마찬가지입니다. 내가 하는 활동이 조직에 이로움을 주고 더 좋은 조직으로 만들어 가려는 믿음이 있어야 합니다. 변하지 않으려 하고 작은 일에 빠져 큰일을 그르치는 경우가 많습니다. 지금 하고 있는 일이 최선은 아닐지라도 합리성과 타당성을 가지고 있어야 합니다. 무엇보다 구성원들의 마음을 얻어 함께 추진하는 것이 필요합니다. 설득 과정이 부족한 상태에서 추진할 경우 오히려 원망하는 마음을 가질 수도 있습니다.

회사가 있고 팀이 있으며 그 속에 내가 있습니다. 회사를 떠나면 나의 흔적은 지워질 수 있지만 남은 사람들에게 좋은 이미지를 남기고 업적을 남기는 것이 나의 역할인 것입니다. 사람에 충성하지 말고 조직에 충성하라는 말이 있습니다. 사람을 바라보고 일을 하게 되면 실망과 후회가 따를 수 있습니다. 회사를 떠나고 시간이 지나면 대부분의 사람들은 찾지도 않고 만나도 반가워하지 않는다고 합니다. 아름다운 이미지를 남긴 사람만이 그나마 예전 사람들을 반갑게 만날 수 있다고 합니다.

　대부분의 사람들은 자신의 생에서 가장 중요하고 긴 시간을 기업에서 일하면서 보내고 있습니다. 오늘도 나의 일이 보람되고 그 결과가 조직의 성과에 연결될 수 있도록 노력하는 것이 직장인의 사명입니다. 상식과 원칙, 사람에 대한 존중의 밑바탕이 있다면 조직의 성과는 매우 뛰어날 것입니다. 그런 회사를 만들고 함께하는 사람이 있다면 그 회사는 좋은 회사가 틀림없습니다.

　조직을 떠나서도 선한 영향력이 남아 있다면 분명 멋진 삶입니다. 떠나서도 잊히지 않고 좋은 이미지가 남아 있다면 분명 멋진 사람입니다. 오래도록 기억되고 아름다움을 남기는 사람은 변하지 않는 가치에 몰두하는 사람일 것입니다. 그 사람은 우리에게 도움을 주고 간 사람이라고 평해진다면 아름다운 삶을 살았다고 볼 수 있습니다. 우리 모두 그런 삶에 충실해야 하지 않을까 생각합니다.

붙임자료(각종 규정 및 표준)

물품공급계약서

_____(이하 "구매자")와 ****(이하 "판매자")는 판매자가 생산하는 제품의 공급과 관련하여 쌍방이 아래와 같이 합의하고 계약을 체결한다.

제1조(목적) 본 계약은 판매자가 제2조에서 정하는 ****(이하 "제품")을 구매자에게 공급함에 있어 각각의 권리와 의무를 정함을 목적으로 한다.

제2조(공급제품)
(1) 판매자가 공급하는 제품은 ****, 기타 등으로 하되 판매자의 사정에 따라 향후 품목이 변경될 수 있다.
(2) 판매자가 구매자에게 공급하는 제품의 품질 규격은 제품 주문 시점에 양자가 합의한다.
(3) 판매자는 법령의 개정, 제품의 품질 향상 등을 위하여 품질 규격을 변경할 수 있으며, 판매자는 품질 규격이 변경된 경우 구매자에게 통보하기로 한다.

제3조(제품의 주문)
(1) 구매자는 판매자가 별도로 정하는 제품 주문 방식(방문, 전화, Fax, Internet, Networking 등)에 따라 제품을 주문하여야 한다.
(2) 구매자가 구두로 제품을 주문한 경우 판매자는 구매자의 제품 주문 사실을 확인할 수 있는 제품주문서 등의 작성, 교부 등을 요구할 수 있으며, 구매자는 판매자의 요구에 따르기로 한다.

제4조(제품의 인도 및 인수)
(1) 판매자는 구매자에게 공급하는 제품을 일반적으로 통용되는 계량 방법에 의해 계량하고 적재, 공급하기로 한다.
(2) 구매자의 제품 계량 결과와 판매자의 제품 계량 결과에 차이가 있

는 경우 양자는 제품의 공급량, 공급 대금의 증감 등에 관하여 상호 협의하여 결정하기로 한다.
(3) 구매자가 지정하는 구매자의 사업장 소재지로 판매자가 운송수단을 통하여 제품을 인도하기로 하되 상호합의에 따라 제품의 인도 장소를 달리 정할 수 있다.
(4) 구매자가 운송 수단 및 인도 장소의 변경을 요구하여 비용이 증가하는 경우 당해 비용은 구매자가 부담하기로 한다.

제5조(품질보증 및 하자)
(1) 판매자는 본 계약에 따라 구매자에게 공급하는 제품에 대해 제2조 2항의 품질규격을 준수하고 있음을 보증한다.
(2) 구매자는 판매자로부터 제품을 인수한 후 즉시 제품의 수량 및 하자 여부를 검사하여야 하며, 문제가 있을 경우 즉시 판매자에게 통보해야 한다.
(3) 구매자는 판매자가 공급한 제품의 사용 중 물성, 가공성 등에 문제가 발생한 경우 즉시 판매자에게 통보하여야 하며, 피해 확산을 최소화하기 위하여 조업 중단 또는 대체품 투입 등과 같은 노력을 하여야 한다. 이에 양자는 당해 문제의 원인 분석과 해결을 위하여 상호 최대한 협조하기로 한다.
(4) 양자는 제품의 하자 여부와 관련하여 상호 이견이 있을 경우 협의를 통하여 우호적으로 해결하기로 한다.

제6조(제품의 가격) 본 계약에 따라 판매자가 구매자에게 공급하는 제품의 가격은 상호 협의하여 결정하기로 한다.

제7조(공급 대금의 지급)
(1) 구매자는 제품을 인수한 날 또는 세금계산서 발행일로부터 익월 말 이내에 판매자에게 공급 대금을 지급하여야 한다. 단, 공급 대금의 지급기한 만료일이 금융기관의 휴무일인 경우 금융기관의 직전 영업일로 한다.

(2) 구매자는 전항에서 규정한 대금 지급 기일에 현금, 전자결제시스템에 의한 구매카드 결제 방식, 당좌수표, 가계수표, 약속어음 등 사전에 을과 약속한 방식으로 지급하여야 한다. 단, 어음의 경우에는 결제되는 어음의 만기일은 3개월을 초과하지 않아야 한다.

(3) 구매자가 1항에 약속한 결제 기일과 결제 방식을 변경할 경우에는 양자 협의에 의해 조정하되 구매자는 별도의 지연 이자를 지불한다.

제8조(담보제공)

(1) 구매자는 판매자의 대금채무 담보를 위하여 금 _____원 상당의 담보를 제공하기로 한다.

(2) 전항의 담보에는 부동산에 대한 근저당권, 금융기관(신용보증기금 및 기술신용보증기금 포함) 발행의 지급보증서, 보증보험증권회사의 보증보험증권, 금융기관의 질권 등이 있으며 그 내용은 상호 협의하여 결정한다. 담보 설정을 위해 소요되는 비용은 구매자가 부담하기로 한다.

(3) 본 계약의 갱신, 구매자가 제공한 담보의 가치 하락, 거래 규모의 증가 등으로 인하여 구매자가 제공한 담보의 효력이 없거나 상당하지 아니하게 된 경우, 판매자의 요구에 의해 구매자는 담보의 갱신, 보완을 하여야 한다.

제9조(양도 및 담보제공 금지) 구매자는 판매자의 사전 서면 동의 없이 본 계약상의 지위를 제3자에게 양도하거나 담보로 제공할 수 없다.

제10조(제품 반출 동의)

구매자가 본 계약에 따라 지정 기일 내에 대금을 지급하지 않거나 아래 제11조에서 정한 기한의 이익을 상실한 경우에 판매자는 판매자가 공급한 제품에 대하여 구매자의 소재지에서 임의로 제품을 반출하여도 구매자는 이를 허락할 뿐만 아니라 민형사 문제를 제기하지 아니한다. 이는 재고 물품에 대한 판매자의 직접 회수를 사전 승낙하는 것이다.

제11조(계약의 해제, 해지와 기한의 이익 상실)

(1) 판매자는 구매자가 다음 각호에 해당하는 경우 본 계약을 해제, 해지할 수 있으며 각호가 적용되는 시점에 구매자는 기한의 이익을 상실한다.

　1. 구매자가 본 계약상의 지위를 제3자에게 양도 또는 담보로 제공한 경우
　2. 구매자가 국세, 지방세 등을 체납하여 구매자의 재산에 대한 체납압류처분이 이루어진 경우
　3. 구매자가 금융기관의 지급 정지 또는 지급 불능에 이른 경우
　4. 구매자가 파산, 회사정리, 화의를 신청한 때
　5. 구매자가 제3자로부터 가압류, 가처분 또는 강제집행 등의 처분을 받았을 때
　6. 구매자가 판매자에 대한 제품의 공급 대금 지급을 사전동의 없이 제7조 제1항에서 규정한 기일로부터 1개월 이상 연체한 때
　7. 구매자가 제출한 수표나 어음이 부도 처리되어 1개월 이내에 대체하지 않을 때
　8. 기타 구매자가 본 계약을 위반하였거나 지급 능력을 현저히 상실한 때

(2) 구매자는 판매자가 다음 각호에 해당하는 경우 본 계약을 해제, 해지할 수 있다.

　1. 판매자가 지급정지 또는 지급불능에 이른 경우
　2. 판매자가 파산, 회사정리, 화의를 신청한 때
　3. 기타 판매자가 본 계약을 위반하였을 때

제12조(판매자의 면책)

(1) 판매자가 본 계약 체결 후 천재지변, 군사행동, 파업, 직장 폐쇄, 행정청의 처분, 기타 불가항력적인 사유로 인하여 본 계약상의 의무를 이행하지 못하게 된 경우, 판매자는 본 계약을 해제, 해지하거나, 구매자의 주문에 대한 승낙을 철회할 수 있다. 이 경우 판매자는 구매자에게 손해배상책임을 부담하지 않는다.

(2) 구매자가 판매자로부터 공급 받은 제품을 당해 제품의 용도, 사용 방법에 따라 사용하지 않음으로써 발생한 손실에 관하여 판매자는

일체의 손해배상책임을 부담하지 않는다.

제13조(결제 기일 지연 및 지체 이자율)
(1) 구매자는 판매자로부터 사전 동의를 받아 제품 공급 대금의 지급기일을 연장할 수 있다. 이 경우 구매자는 판매자에게 연 12%의 금리를 적용하여 연장된 기간 동안의 지연 이자를 판매자에게 선납하여야 한다.
(2) 구매자가 대금 결제로 제출한 유가증권이 부도 등으로 인하여 문제가 발생하고 서로 합의하여 대체 기일을 연장하는 경우에는 만기일로부터 **연 12%**의 금리를 적용하여 연장된 기간 동안의 지연 이자를 판매자에게 지급하되 구체적인 적용 방식은 판매자의 내규에 따르기로 한다.

제14조(영업 비밀)
(1) 각자는 본 계약의 체결 및 이행과 관련하여 취득한 판매자의 영업 비밀을 제3자에게 누설하거나 본 계약 이외의 목적으로 사용하여서는 아니 된다.
(2) 각자는 본 계약 기간의 만료 또는 계약의 해제, 해지 후 5년까지 제1항 기재 영업 비밀을 누설하거나 목적 외로 사용하지 아니한다.
(3) 본 계약 기간이 만료되거나 계약이 해제, 해지되는 경우 지체 없이 제1항 기재 영업 비밀에 관한 모든 자료를 반환하여야 하며, 반환이 불가능한 경우에는 이를 즉시 폐기하여야 한다.
(4) 구매자가 위 각 조항을 위반한 경우 구매자는 그로 인해 발생한 판매자의 모든 손해를 배상하여야 한다.

제15조(유효 기간)
(1) 본 계약의 유효 기간은 계약일로부터 1년으로 한다.
(2) 제1항의 기간 만료 1개월 전까지 당사자의 일방 또는 쌍방이 서면에 의하여 본 계약의 변경 또는 해지의 의사표시를 하지 아니하는 경우 본 계약은 1년간 자동으로 갱신된 것으로 하며, 그 이후로도 같다.

제16조(관할법원) 본 계약에 관하여 분쟁이 있는 경우 서울중앙지방법원을 관할법원으로 합의하여 해결하기로 한다.

제17조(기타) 본 계약서에 기재되지 않은 사항에 관하여는 일반 상 관례 및 당사자 쌍방의 합의에 따라 해결하기로 한다.

이상의 증명을 위해 본 계약서 2통을 작성하여 각자 보관하기로 한다.

20**년 월 일

직제규정

제1조(목적)
이 규정은 ******(이하 "회사")의 기본조직과 운영에 관한 기준을 정하여 회사경영을 효율적으로 달성케 함을 목적으로 한다.

제2조(용어의 정의)
이 규정에서 사용하는 용어의 정의는 다음과 같다.
1. 조직이라 함은 회사의 운영을 위하여 설정된 기구, 구성원과 업무분장을 말한다.
2. 부서라 함은 직능별로 세분한 조직 운영의 단위로 통상 "팀"으로 한다.

제3조(적용범위)
이 규정은 회사 전체에 적용한다.

제4조(조직)
1. 회사의 조직은 그 업무의 성질과 양에 따라 적정 규모를 유지하여야 한다.
2. 회사의 기구는 다른 팀과 조직·기능상의 중복이 없고 체계적으로 편성되어야 한다.
3. 회사의 기구가 설치될 때에는 예산조치가 병행되어야 한다.

제5조(조직편제)
회사의 조직에는 본사에 공장장, 경영지원팀, 생산팀, 기술팀, HSE팀을 두고, 서울사업장에 영업팀을 두고 필요시 하위 그룹을 둔다.

제6조(부서의 장)
1. 기구상의 각 부서에는 그 장을 둔다.
2. 업무상 필요에 따라 부서의 장에 직무대리를 둘 수 있다.

제7조(위원회)
1. 회사의 주요업무를 처리하기 위하여 필요시 위원회를 둘 수 있다.
2. 위원회의 조직과 운영에 관하여는 따로 정하는 바에 의한다.

제8조(구성원)
1. 회사의 구성원은 임원과 직원으로 구성한다.
2. 임원은 사장, 부사장, 전무, 상무로 구성한다.
3. 직원은 1급(갑) 부장, 1급(을) 차장, 2급 과장, 3급 대리, 4급(갑) 주임, 4급(을) 주임, 5급 사원, 계약직으로 구성한다.

제9조(보직)
팀장은 임원 또는 2급 과장 이상의 사원으로 보임한다.

제10조(고문 및 촉탁)
대표이사는 필요에 따라 고문 및 촉탁을 위촉 또는 해촉할 수 있다.

제11조(공장장 및 팀장의 직무)
1. 공장장은 대표이사를 보좌하고 그 명을 받아 HSE·생산·생산지원 등의 공장운영과 관계기관·산단·지역사회 등 주요 대외이해관계자들과의 커뮤니케이션을 총괄한다.
2. 팀장은 대표이사 및 공장장을 보좌하고 그 명을 받아 소속 직원을 지휘감독하여 소관업무를 수행한다.

제12조(직무대리)
공장장 및 팀장 유고 시에는 차상위자가 그 직무를 대행함을 원칙으로 하며, 필요 시 대표이사가 별도로 직무대리자를 정할 수 있다.

제13조(권한 위임)
회사업무를 효율적으로 수행하기 위하여 대표이사의 권한과 이에 따르는 그 책임의 위임은 권한위임정책과 규정에 따른다.

제14장(임원)
임원의 업무 분장은 이사회에서 정하거나 또는 따로 정하는 바에 의한다.

제15조(공통)
각 부서는 다음 각호의 사항을 공통적으로 수행한다.
1. 소관업무의 목표 설정과 실행 전략 수립에 관한 사항
2. 소관업무의 사업 계획, 예산의 작성 및 실적 분석에 관한 사항
3. 소관업무에 관한 통계, 자료의 수집 조사 및 유지보고에 관한 사항
4. 소관업무의 집행 실적 분석 및 문제해결책 강구에 관한 사항
5. 소관업무의 능률증진 및 개선에 관한 사항
6. 소관업무와 관련된 법규의 조사연구에 관한 사항
7. 소관업무에 관련된 사규 입안 및 요령의 제정에 관한 사항
8. 부서에서 사용하는 자산의 보관보존에 관한 사항
9. 부서 내 문서, 도서 및 정기간행물의 관리에 관한 사항
10. 부서에서 가입한 단체 및 유관단체 업무에 관한 사항
11. 부서 내 자체 교육 및 회사 주관의 공통교육의 실시에 관한 사항
12. 소관업무와 관련된 인허가에 관한 사항
13. 소관 구역 시설의 보안 및 안전관리에 관한 사항
14. 소관업무와 관련된 전산시스템 관련 업무 협조에 관한 사항
15. 부서 내 지식의 체계적 정리 및 공유에 관한 사항
16. 부서 내 리스크관리의 실행에 관한 사항

제16조(경영지원팀)
(1) 경영관리
- 전사 전략수립 및 실행
- 전사 기본예산의 수립 및 조정
- 전사 매출 및 손익관리
- 회사의 홍보물 제작 및 대외 홍보 업무
- 주주총회 및 이사회 운영관리

- 대외공시업무
- 회사 PR 업무
- 투자사업심의

(2) HR(인사·노무관리)
- 임직원 채용 & 배치
- 임직원 교육 & 역량 개발
- 급여 관리
- 노사관리 & 각종 협의회 관리
- 복리후생
- 임직원 평가

(3) 총무
- 총무 일반(문서 수발, 인장 관리, 사택 관리, 통신 시설 등)
- 의전, 집회 및 행사 주관
- 업무용 부동산 취득 및 임대차 관리
- 공장시설의 경비 및 보안 관리
- 공장 인.허가와 관련한 대관 업무
- 공장 내 일반 시설물의 유지보수

(4) 재무회계
- 자금 출납 & 자금 시재 관리 & 어음 관리
- 자금 조달 & 잉여자금의 운영
- 주식 및 회사채의 발행 & 배당관리
- 담보물 관리 & 보험
- 매출 채권 관리 & 신용관리 & 부실 채권의 회수 및 법적 대응
- 회계전표의 심사 및 회계 반영
- 회계결산
- 제조원가의 계산
- 재무제표 작성 & 공시 & 외부 감사인 수검

(5) 세무회계: 법인세/부가가치세/원천제세/기타 국세 및 지방세
(6) 관재: 고정자산의 취득, 처분, 이관 & 감가상각 관리
(7) 구매 계약

- 구매 요청서 접수 & 구매 계약
- 일반 구매 계약(용도용품, 원부재료, 수선자재, 포장재료 등)
- 도급 등 용역 계약
- 일반 계약(고철, 폐지, 폐합성수지, SCRAP(SC), 도급, 운송, 임대파렛트 등)

(8) 재고 자산 관리: 외부 구매 계약, 제품의 입출하 & 실물 관리
(9) 창고/물류/운송 관리
  - 저장 공간 및 시설의 관리
  - 제품 운송 및 비용 정산
  - 창고/물류 장비 관리 및 운영
(10) 전산 장비 및 시스템 개선에 관한 사항

제17조(생산팀)

생산팀은 생산 관리를 총괄하며, 효과적인 운영을 위해 하위에 그룹을 둔다.

1. 생산 관리
   (1) 제품 생산 관리
   (2) 운전표준 관리 & 공정조건 관리
   (3) 생산 공정 개선 및 생산효율화
   (4) 생산설비 관리: 트러블 관리 & 재발 방지 대책 수립과 시행
   (5) 생산원단위 및 생산 지표 관리
   (6) MRO 등 저장품 구매 요청, 입고검수 및 출하요청에 관한 사항
   (7) 원부재료의 구매요청, 입출하 및 실물 관리에 관한 사항
   (8) 원부재료의 실물 관리와 재고 건전성(적정 재고/장기·불용 재고)
   (9) 반제품 및 현장 재고의 실물관리 및 재고 건전성
   (10) 반제품 및 제품의 품질관리 지원

2. 설비 유지보수
   (1) 기계 장치의 성능 분석 & 성능 유지 & 개선
   (2) 각종 설비 및 계측기의 검·교정
   (3) 각종 설비의 PM(TBM & CBM)

(4) 각종 시설의 개보수 및 정비

(5) 설비의 가동 전 점검 & 시운전 & 변경관리

(6) 도입 기자재의 기술 검토 및 사양 검토

(7) 각종 설비의 안전성 검토

제18조(기술팀)

(1) 공장 경영 지원 및 경영계획 수립에 관한 사항

(2) 공장 경영 지표 및 실적관리

(3) 공정 및 품질 개선에 관한 사항

(4) 조업 관련 투자 사업 관리

(5) 에너지 및 온실가스 관리

(6) 임가공관리

(7) S&OP & 생산 지원 업무
 - 생산 조정 및 생산계획 수립
 - MRO 등 저장품, 입출하에 관한 사항
 - MRO 등 저장품, 포장부자재의 실물관리 및 재고건전성 관리
 - R재공 및 재절단재고의 실물관리 및 재고건성성 관리

(8) QC(품질 관리)
 - 원부재료 수입검사
 - 제품 & 반제품의 등급 판정에 대한 기준관리
 - 분석 지원
 - 출하제품의 시험성적서 발급
 - 반품
 - 고객 불만사항 & 클레임 처리 & B/S & T/S

(9) 제품 연구개발(R&D)

(10) 공인규격의 인증취득 & 사후관리

제19조(HSE팀)

(1) HSE 일반 업무(대관 업무 포함)

(2) HSE 문서 제·개정

(3) 안전사고에 관한 조사보고 & 재발방지계획의 수립
(4) 법정 선임자 지정 및 현황 관리
(5) HSE 조직 및 비상 대응 체계 확립
(6) 안전보건교육계획 수립 및 실시
(7) HSE 법규 · 지표관리
(8) 보건 관리
(9) 환경 관리
(10) PSM 관리
(11) 기타 현장 개선 & 5S 업무

제20조(영업팀)
영업팀은 효과적인 운영을 위해 하위에 국내 영업그룹, 해외 영업그룹을 둔다.
(1) 영업기획
  - 제품별 동종업체·시장동향에 관한 분석 및 대책 수립
  - 유관단체에 대한 동향 파악 사항
(2) 마케팅 전략 수립 및 시행
  - 시장 정보 창출, 공유 및 대응
  - 세부 목표 시장 마케팅 전략 수립
  - 세부 목표 시장 개척에 관한 사항
(3) 제품의 판매 관리
  - 고객(대리점)에 대한 판매 관리
  - 판매 대금의 회수
  - 주문서 접수 및 출하의뢰
  - 고객 신용 상태 상시파악 및 대책 수립
  - 고객DB 및 영업 시스템 관리
(4) 신규Grade 발굴 및 출시에 관한 사항
(5) 고객 만족
(6) 제품수요 개발
(7) 기능성, 차별화 제품의 판매 확대에 관한 사항

권한 위임 규정

법적으로 권한은 이사회에 있으며, 이사회는 사업 경영을 수월하게 하기 위하여 대표이사에게 회사를 대표할 수 있는 권한을 부여하고, 대표이사는 이러한 권한의 일부를 회사의 임직원들에게 위임할 수 있다.

따라서 권한은 다음의 3가지 원칙에 근거하여 위임된다.
- 권한은 책임에 상응하게 배정되며, 임직원은 자신의 직무를 수행하고 목표를 달성하는 데 필요한 정도의 권한을 위임받는다.
- 위임된 권한의 행사는 항상 의무를 수반하며, 회사에서 기대하는 일정 수준의 전문성 및 권한 행사에 있어서의 정직성 등이 수반되어야 한다. 이와 더불어, 위험에 대한 인식, 사업 통제수단, 회사의 정책 및 관례에 대한 이해 역시 필요하며, 모든 행동에 있어서 투명성을 유지해야 한다.
- 권한 행사에 위법이 있어서는 안 되며, 권한의 소유자는 자신의 행동에 따른 모든 결과에 대해 전적으로 책임을 진다.

따라서, 회사의 임직원은 자신들의 책임에 대해 이해하고, 아울러 자신에게 부여된 권한의 자세한 내용, 권한을 행사하는 올바른 방식 및 자신의 행동에 대한 책임 등 명백한 이해를 바탕으로 권한을 행사해야 한다.

1. 목적
이 규정은 각 직위의 직무 수행에 따른 권한(이하 "직무권한"이라 한다) 및 준수기준을 명확히 하여 책임경영체제를 확고히 하고 사무의 간소화와 업무의 신속한 처리를 통하여 조직의 능률적인 운영을 도모함을 목적으로 한다.

2. 직무권한의 의의
직무권한이라 함은 각 직위가 대표이사의 권한 일부를 위임받아 특정 직무에 대하여 자기의 결정으로 직무를 수행할 수 있는 권한을 말한다.

3. 책임 및 권한

각 직위는 이 규정이 부여하는 직무권한 범위 내에서 자기의 직무를 효과적으로 수행하기 위하여 필요한 권한을 가지는 동시에 그 결과에 대하여 책임을 진다.

개인의 이익을 위하여 권한을 남용하거나, 회사의 정책/규정, 기준, 지침 등을 준수하지 않는 것은 중대한 위반 사안으로 어떤 경우에도 허용되지 않는다. 배임 과실이 있는 모든 임직원들에게는 해고를 포함한 징계가 주어진다.

4. 각 직위의 구분 및 권한의 규정

① 이 규정에 정하는 직무권한자(이하 "권한자")는 대표이사, 담당 임원, 팀장으로 직위를 구분한다.
② 권한위임이 명확하지 않은 경우에는 주관 부서인 재무담당부서장과 협의한다.
③ 만약 거래가 본질적으로 회사의 계획, 정책/규정, 기준 및 지침 등에서 벗어나거나 예외적인 경우에는, 거래의 가치가 권한 소유자의 금전적 한도 내에 있더라도 그 거래는 대표이사의 승인을 받아야 한다.

5. 각 직위의 직무권한

① 대표이사 승인 사항
  - 상법 등 법률에서 정한 사항
  - 이사회 규정 및 정관에 따른 사항 (이사회 부의 안건 포함)
  - 사규 등 회사의 주요 정책 변경의 건
  - 재무 영향이 큰 관계사 계약 및 투자 승인의 건
  - 주요 인사 관련 사항 (승진 등)
  - 주요 자산 관리 업무에 관한 사항

대표이사 포함 각 직위의 상세 직무권한은 별첨(위임전결기준표)과 같다.

6. 권한의 대행

① 권한자가 "결원 또는 유고" 시에는 그 권한자의 차상위 직위자가 그

대행자를 지정하여야 한다. 다만, 세부 직무내용 별로 권한의 대행자가 따로 정해져 있을 때에는 그러하지 아니하다.
② 권한의 대행은 공식적으로 이루어져야 하며 위임 받은 대행자의 권한은 당초 권한자가 소지한 권한을 초과할 수 없다.

7. 부재중의 처리
권한자가 "부재" 시에는 동 기간 동안 공식적으로 대행자가 지정된 경우를 제외하고는 그 권한은 평행 혹은 하향이 아닌 상위 직위자에게 귀속된다.

8. 긴급 조치
각 직위자(이 규정이 정하는 직위 이외의 직위를 포함한다)는 천재, 사전에 예측하지 못한 사고 등의 긴급한 경우에 있어서는 권한 외의 사항일지라도 사태 수습에 최선을 다하기 위하여 그의 적절한 판단 하에 지체 없이 필요한 긴급 조치를 할 수 있으며, 즉시 그 조치사항을 상위 직위자에게 보고하여야 한다.

9. 보고
① 아래 사항은 대표이사에게 별도 보고한다.
  - 경영 성과에 중대한 영향을 주는 사항
  - 이사회에 부의되지 않지만 구속력이 있는 주요 계약
  - 회사의 대외 평판과 재무 영향이 큰 주요 소송 건
  - 감사 결과
  - 주요 대외 발표 자료
  - 대표이사 승인 사항 外 주요 인사관련 사항
② 각 권한자는 그 직무권한 범위 내의 전결사항이라도 그 성격상 중요하다고 인정되거나 이례적인 사항에 대하여는 사전에 상위 직위자에게 보고하여야 한다.
③ 권한자의 상위 직위자는 권한자가 집행한 사항에 관하여 보고를 요구할 수 있다.

10. 협의
① 여러 부서의 직무와 관련되는 사항에 대하여는 이 규정에서 정하는 협의부서 또는 담당의 협의를 득하여 업무를 수행한다.
② 이 규정에서 정하지 않은 경우라도 업무의 성격상 타 부서의 협조를 요하는 중요한 사항은 관련 부서의 협의를 득한다.

11. 협의 서명
① 협의서명은 전자 결재의 개인합의 시스템을 사용한다. 단, 시스템에 문제가 있는 경우에는 수기로 서명을 받아도 무방하다. 단, 해당 서명을 품의 시 첨부한다.
② 협의 서명에 대해서도 본 규정 6.0(권한의 대행), 7.0(부재 중의 처리), 8.0(긴급조치), 9.0(보고)를 준용한다.
단, 협의 서명의 경우 권한자가 "부재"시 상위 직위자가 해당 부서를 대표할 수 없을 경우에는 해당 부서의 차하위자에게 권한이 위임된다.

12. 표시금액
① '업무전결기준표'에 기재된 금전상의 한도는 거래 건별 최대 금액이며, 이것을 초과하는 금액에 대해서는 차상위 단계의 승인을 받아야 한다.
② 권한에 주어진 한도를 회피하기 위하여 우회적인 방법을 사용할 수 없다. (예, 의도적으로 비용을 분할하거나 지시 또는 지령을 부분적으로 내리는 행위)

13. 효력
이 규정이 정하는 바에 의하여 집행된 사항은 최종 결재권자가 집행한 것과 동일한 효력을 가진다.

* 위임전결기준표 별도

채권 관리 규정

1. 목적
 동 규정은 채권 관리에서 발생할 수 있는 혼란을 방지하고, 매출채권의 적기 회수, 부실채권 발생 예방 및 회수 불가능 위험 제거라는 궁극적 목적을 달성하기 위한 세부 기준 수립을 목적으로 한다.

2. 거래일반절차
1) 고객의 선정 및 평가
① 영업의 개시 전 영업 담당자는 다음의 자료를 징구 또는 참고하여 고객에 대한 기본 조사를 실시하고, 해당 자료를 기초로 '고객동향보고서'를 성실히 작성한다. 고객동향보고서는 기본적으로 1년 단위로 갱신하되, 담당 부서의 요청이 있는 경우 지체없이 갱신한다.
② 최근 3개월 이내의 사업자등록증 및 법인등기부등본
③ 대표자(경영실권자)의 신용정보
④ 외부 평가 기관(Cretop, Creport, KISLINE 등)의 평가보고서
⑤ 외부 평가 기관의 자료가 없을 시, 법인세 신고 첨부자료인 표준재무제표

2) 거래의 지양
다음 경우에는 불량 고객으로 인식하고 거래를 지양하여야 한다.
① 재무 구조가 고객의 업종 평균과 비교하여 현저히 불량한 경우
② 1년 내 3회 이상의 판매정지 및 부도 이력이 있는 경우
③ 실제 대표자와 명목상의 대표자가 다른 경우
④ 고객의 제3채무자 실체가 불분명하거나 사업활동 이외의 목적을 가지고 활동하는 경우

3) 채권 건전성 실사
담당 부서는 채권 건전성 확보를 위하여 연 1회 이상 고객으로부터 채권채무조회서를 수취하여야 한다.

3. 이자 및 비용
   1) 신용비용
   고객에게 판매 한도를 부여하면, 고객은 일정 기간 기한의 이익을 향유하고 이는 회사의 이자비용(신용비용)으로 직결된다. 그러므로 영업 부서는 신용 비용을 적절히 판매가격에 반영하여야 한다

   2) 담보비용
   ① 부동산, 질권에 대한 설정 비용(근저당권 설정비, 감정평가비용 등)은 당사가 부담하되, 지급 보증과 관련된 설정/갱신 비용(지급보증 설정수수료 등)은 고객이 부담하는 것을 원칙으로 한다. 단, 필요에 의해 해당 비용을 당사가 부담할 경우 적정한 사유와 함께 담당 부서장의 결재를 득한다.
   ② 고객의 사정으로 인해 담보의 변경이 필요한 경우에 소요되는 담보 관련 비용은 고객이 부담하는 것을 원칙으로 한다.

   3) 연체 이자
   ① 계약에 의한 결제일을 초과하여 이행 지체 또는 채무 불이행이 발생할 경우에 적용하는 연체 이자는 당좌금리를 고려하여 담당 부서에서 정하되, 특별한 금리변동이 없는 한 연 12%로 한다.
   ② 부도 어음 등이 발생하여 현금입금이 되지 않는 어음에 대해서도 연체 이자를 부과한다.
   ③ 다음의 경우에 한해서 연체 이자를 감면할 수 있다.
      – 2주 내 부도어음 또는 미수금을 현금으로 대체
      – 부실업체로 지정된 경우에 한해 감면 또는 면제
      – 기타의 사유로 이자를 감면 또는 면제를 받고자 할 경우 영업부서는 결재권자의 승인을 득해야 한다

4. 부실위험채권 및 부실채권
   1) 결제일을 초과한 채권은 부실위험채권으로 간주한다. 결제일을 초과한 채권 중 부도, 회생, 파산 등의 사유 발생 시 해당 채권을 부실채권으로 인식한다.
   2) 부실위험채권 발생시 영업 부서장은 부실발생보고서를 작성하여 재무부서에 통보하고, 부실이 확정되어 부실채권이 발생하면 영업부서장이 부

실 여부를 대표이사에게 보고한다.

3) 판매정지 및 유예

① 아래와 같은 경우 출하(내수) 및 선적(수출)이 정지된다.
 - 고객의 부도가 발생한 경우
 - 결제일 + 5영업일까지 결제가 되지 않는 경우
 - 최근 1년 내 자기어음 연장 실적이 연 3회 이상 발생한 경우
 - 기타 사유로 채권관리자가 판매 정지가 필요하다고 판단하는 경우

② 고객으로부터 부실채권이 회수되면 판매 정지는 즉시 해제된다.

③ 판매 정지가 발생하면 영업부서는 고객으로부터 상환계획서를 수취하여 1주일 이내에 담당부서에 제출하여야 한다. 단, 담보(보증/동산/부동산) 설정 고객의 경우 1개월에 한하여 상환계획서 수취를 유예할 수 있다.

④ 판매 정지 유예는 영업 부서장의 결재를 통해 요청하고, 담당 부서의 검토를 통해 대표이사가 이를 승인한다.

⑤ 판매 정지 유예는 담보(보증/동산/부동산)설정 고객의 경우 1회당 최대 1개월 이내로 유예가 가능하고, 기타 고객(매출채권보험 담보고객 포함)은 1회당 1일(최초 결제일로부터 30일 이내만 가능)만 유예가 가능하다.

4) 부실위험채권 및 부실채권 회수

① 부실위험채권: 단순히 결제일을 초과한 부실위험채권일 경우, 부실채권의 발생 경위 파악, 채무자의 부실위험채권 규모와 세부 내역 파악, 영업부서와 고객의 협의 진행 등의 방법으로 채권 회수에 대한 절차를 진행한다.

② 부실채권: 고객의 부도 및 파산, 법정 관리 등의 원인으로 부실이 확정되어 정상적인 채권 회수가 불가능할 경우, 아래의 법적 조치를 통해 채권 회수를 진행한다.
 - 채무자의 제3고객 목록과 잔존 채권 현황 파악
 - 채무자 재산조사 및 확인된 재산의 채권보전 조치
 - 동산, 부동산에 대한 (가)압류, 가처분, 경매
 - 압류 및 전부 또는 추심 명령, 사해행위 및 각종 민사소송

5) 어음대체

① 부도 어음 등이 발생하여 정상적인 만기 입금이 되지 않는 어음의 연장/대체 시에는 대상 어음의 사본을 첨부하여 담당 부서의 승인을 득한다.

② 어음 연장/대체는 영업담당 부서장의 결재를 통해 요청하며, 담당 부서의 검토를 통해 담당 부서장이 승인한다.
③ 어음 연장/대체 이자율 및 감면/면제는 상기의 연체 이자 기준을 따른다.
④ 만기 전 어음 대체의 경우 만기 3영업일 이전에 연장/대체 요청을 해야 하며, 현금으로 대체할 경우 부도어음 대체 전 반드시 현금으로 대체되어야 하고, 타 어음으로 대체 시에도 대체 어음을 먼저 수령한 후 대상 어음을 반환해야 한다.

6) 부실채권 회계 처리는 기업 회계 기준에 따른다.

재고 자산 관리 규정

1. 목적

회사가 보유한 재고 자산으로부터 야기되는 각종 위험을 원천적으로 차단하고 적절한 재고 관리를 통해 수익 창출 기회를 극대화하기 위하여, 이와 관련한 모든 위험에 대한 인식과 그에 대한 적절한 관리를 규정함으로써

- 재고 자산 관리 책임의 명확화
- 재고 자산의 실재성 및 건전성 관리
- 적정 수준의 재고 자산 유지를 통한 적정 운전 자본 유지
- 우량공급자의 발굴 및 육성을 통한 생산의 안정성 확보

를 달성하여 경영의 안정성 및 기업 가치의 극대화를 도모하고자 한다.

2. 용어정의

재고 자산이란 영업 과정에서의 판매를 위하여 생산 또는 보유하고 있는 자산 중 당사가 권리와 의무를 소유하는 자산을 의미하며 다음 항목으로 구성되어 있다.

1) 상품: 판매를 위하여 외부에서 구입한 완성품
2) 제품: 생산공정을 통해 생산된 결과물이며 제품, 반제품, 부산물로 구성
3) 원부재료: 생산을 위해 보유하는 재료로 원료, 부원료, CC&A, 유틸리티 등
4) 반제품: 생산공정에 있는 제품의 전단계
5) 부산물: 생산공정에서 제품 이외의 부수적으로 발생하는 경제적인 가치를 가진 물품으로서 판매되거나 자가사용되는 물품을 말함
6) 저장품: 생산에서 보조적으로 소비되며 제품의 실체가 되지 못하는 소모성 재료이며 포장 자재, 수선 재료, 안전용품, 실험 용품 등
7) 미착품: 이미 매입되어 법적으로 당사 소유이나 이송 중에 있어 아직 공장에 도착하지 않은 것

3. 취득가액

재고 자산의 취득가액은 다음 각호에 의한다.

1) 외부에서 구입한 것은 구입 가격과 제부대비용을 가산한 가격으로 한다. 다만, 부대비를 가산하기 곤란한 경우에는 별도 항목을 정하여 일괄처리할 수 있다.
2) 사내 생산의 제품, 반제품 및 부산물 등은 제조원가 보고서의 가액으로 한다.

4. 평가
재고 자산은 (월)총평균법에 의거 평가한다.

5. 입·출고 기장
1) 재고의 증가는 구매, 생산 및 기타 입고 등으로 이루어지며
2) 재고의 감소는 판매(반품 포함), 생산투입, 처분 및 기타 출고 등으로 이뤄진다.
3) 모든 재고의 입/출고는 별도의 회사 규정에서 정한 규정과 적절한 승인권자의 승인을 득하여 처리하여야 한다.
4) 상품, 원부재료 및 저장품의 입고는 입고전표에 의거 기장하고, 출고는 출고전표에 의거 기장한다.
5) 제품 및 부산물의 입고는 제조원가보고서에 의거 기장하고, 제품의 출고는 출하전표에 의거 기장한다.
6) 사내 제작, 임대차, 반납 및 교환 등의 경우 입출고가액의 결정은 별도로 정하는 바에 의한다.

6. 관리 책임
재고 자산의 관리는, 자재 유형별로 실물 운영 부서와 재고 관리 부서로 구분하여 관리되며, 관리 책임은 해당 부서 부서장에게 있다.
1) 실물 운영 부서는 재고의 실재성을 항시 유지하여야 하고 장기/부실재고가 발생할 경우 즉시 재고 관리 부서에 통보하여야 한다.
2) 재고 관리 부서는 적정 재고 수준을 설정하고 그 수준 내에서 재고가 관리되도록 조치하여야 하며, 장기/부실 재고가 발생할 경우 향후계획(판매, 재사용, 폐기 등) 및 일정을 재무 부서에 즉시 통보하고 실행하여야 한다.

7. 재고 조정

1) 실물 관리 부서장은 연 1회 이상 정기적으로 장부 물량과 실물을 대조조사하고 그 차이를 즉시 조정하여야 한다.
2) 재무부서장은 재고 자산의 건전성을 높이고 재고 관리 수준을 높이기 위해 연 1회 이상 재고 자산 실사를 실시하고 그 결과에 대한 재고 조사 보고서를 작성한다.
3) 재고 자산 실사 결과 과부족이 발생하였을 경우에는 대표이사의 결재를 얻어 실제 재고로 조정한다.

출판 감사 인사

1997년 IMF, 2008년 금융위기를 겪으면서 우리나라의 많은 기업들이 사라졌습니다. 기업이 사라지면 여러 사람들이 일자리를 잃게 됩니다. 이로 인해 새로운 시작을 하는 사람들을 주변에서 많이 보게 되었습니다. 자영업의 현실은 참으로 어렵습니다. 주변에 수많은 편의점, 커피집, 영세 음식점들이 어려운 현실을 반영하고 있습니다.

지속가능한 좋은 기업을 만드는 것은 누구나 원하지만 쉽지 않습니다. 변화혁신을 하지 않거나 위기관리를 하지 않거나 안전을 소홀히 생각한 결과일 수 있습니다. 직장생활을 통해 경험한 저의 다양한 정보가 많은 기업인 또는 기업에 몸담고 있는 사람들에게 도움이 될 수 있다고 생각하게 되었습니다. 정보의 비대칭으로 어려움을 겪는 중소기업에게는 특히나 필요한 내용이라고 느끼게 되었습니다.

이 책은 대기업 직장인으로서 겪은 다양한 경영 실무 내용을 정리한 것으로써 특히 다음 분들에게 도움이 될 것입니다.

- 제조공장을 운영하는 중소기업 사장님, 경영자분
- 지속가능한 회사를 만들고 싶은 분
- ISO 표준경영시스템을 알고 싶은 분
- 현장 안전관리에 관심이 많은 분
- 변화혁신 활동과 3정5S, 낭비를 이해하고 싶은 분
- 문제해결에 관심이 많은 분

책을 출간하기까지 함께 근무했던 수많은 동료들과 아이디어를 주신 코렉스인증그룹 민웅기 대표님께 감사드립니다. 마지막으로 출판을 위해 큰 도움을 주신 메이킹북스 장현수 대표님, 안지은 님께 감사드립니다.